NORD SEE KÜS TE

SCHLESWIG-HOLSTEIN

W0076045

INSIDER-TIPP
Deine Abkürzung
ins Erleben!

Reisen mit MARCO POLO Insider-Tipps

MARCO POLO
TOP-HIGHLIGHTS

NOLDE-MUSEUM ★1

Der Bau, die Bilder und die Blumen des Emil Hansen aus Nolde: Hier sind sie zu sehen.

📷 *Tipp: Von der Warft mit dem großen Hof gegenüber vom Museum hast du den besten Blick über Noldes Landschaft.*

➤ S. 47, Der Norden

TØNDER (TONDERN) ★2

Schnell mal über die Grenze, in ein anderes Land. Kunst gucken, *danske Design* kaufen und Kuchen essen im Königreich.

➤ S. 45, Der Norden

FRIEDRICHSTADT ★3

Kähne voller Ausflügler schippern auf von Weiden gesäumten Grachten, bunte Giebelhäuser stehen an kopfsteingepflasterten Gassen – Holland lässt grüßen (Foto).

➤ S. 83, Eiderstedt

STRAND ST. PETER-ORDING ★4

Wandern, baden, reiten, strandsegeln, futtern in Pfahlbauten – am 12 km langen sandigen Tummelplatz geht vieles.

📷 *Tipp: Durch die Eichenstämme eines Pfahlbaus aufs Meer fotografieren, am besten bei Sonnenuntergang.*

➤ S. 74, Eiderstedt

LEUCHTTURM WESTERHEVERSAND ★5

Das Wahrzeichen der Küste wirbt für das Land, lockt Brautpaare und Wanderer auf der Suche nach dem ultimativen Weitblick.

📷 *Tipp: Eine sehr schöne Ansicht hast du von der sogenannten Schafsburg südöstlich vom Leuchtturm.*

➤ S. 77, Eiderstedt

MULTIMAR WATTFORUM ⭐

Sehen. Fühlen. Tasten. In Tönning das Wattenmeer entdecken, die Größe von Walen erfahren, dem Kabeljau ins Auge schauen.

➤ S. 80, Eiderstedt

BRUNSBÜTTELER SCHLEUSEN ⭐

Maßarbeit für große Schiffe, Spannung für Zuschauer: Das Westende des Nord-Ostsee-Kanals ist das Nadelöhr zur Nordsee.

📷 *Tipp: Die ein- und ausfahrenden Schiffe von Bord der Kanalfähre aus ablichten.*

➤ S. 103, Dithmarschen

SEEHUNDSTATION FRIEDRICHSKOOG ⭐

Zuflucht und Erste Hilfe für Heuler, die Waisenkinder des Wattenmeers, und Infostelle über Seehunde und Kegelrobben, deren langnasige Verwandte.

➤ S. 101, Dithmarschen

KUTTERHAFEN BÜSUM ⭐

Bunte Fischkutter, frische Krabben, kreischende Möwen: In Büsum kommt der Reichtum des Meeres an Land.

📷 *Tipp: Hier sind Details spannend: bunte Netzbojen, Flaggen, geschnitzte Schiffsnamen, Fische und Krabben.*

➤ S. 91, Dithmarschen

MELDORFER DOM ⭐

St. Johannis in Meldorf zeugt weithin sichtbar vom Reichtum der alten Bauernrepublik Dithmarschen.

📷 *Tipp: Draußen auf dem Mäuerchen sitzen – Kamera in die Höhe – ein paar Dohlen umkreisen den Turm – klick!*

➤ S. 97, Dithmarschen

INHALT

INHALT

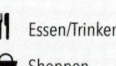

⏱	Besuch planen	🍴	Essen/Trinken
€–€€€	Preiskategorien	🛍	Shoppen
(*)	Kostenpflichtige Telefonnummer	🍸	Ausgehen
		🌴	Top-Strände

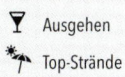

(📖 A2) Herausnehmbare Faltkarte
(0) Außerhalb des Faltkartenausschnitts

BESSER PLANEN MEHR ERLEBEN!

Digitale Extras
go.marcopolo.de/app/nsh

DAS BESTE ZUERST

13 Pfahlbauten verteilen sich über den Strand von St. Peter-Ording

BEST OF 🌂
BEI REGEN

SCHÖN, AUCH WENN ES REGNET

EINTAUCHEN IN MEERESWELTEN

So was wie das *Multimar Wattforum* (Foto) in Tönning mit seinen 37 Aquarien und den Walskeletten gibts nicht noch mal an der Nordseeküste. Unbedingt anschauen – nicht nur, wenn das Wasser von oben kommt!

➤ S. 80, Eiderstedt

IM SCHOSS VON MUTTER KIRCHE

Wenn der Wind den Regen mal wieder waagerecht über den Südermarkt treibt, kannst du Schutz im *Meldorfer Dom* suchen und dort die mittelalterlichen Malereien bewundern.

➤ S. 97, Dithmarschen

DET GAMLE APOTEK

Julius, ein dänischer Weihnachtswichtel, und seine 58-köpfige Familie residieren ganzjährig im Keller der *Alten Apotheke* in Tønder. Doch in dem kleinen Einkaufsparadies gibt es noch viel, viel mehr …

➤ S. 45, Der Norden

ZEITREISE VOR DER LEINWAND

Filme gucken wie in den 1970ern: In *Eck's Kino* in Niebüll werden zum 3-D-Blockbuster oder Independentfilm Speisen und Getränke am Platz serviert.

➤ S. 43, Der Norden

EIN TAG IM VIERKANT

Erst ins Museum und dann ins vorzügliche Restaurant. Oder umgekehrt? Egal wie – im *Roten Haubarg* auf Eiderstedt kannst du ein paar Stunden Regen bequem aussitzen.

➤ S. 83, Eiderstedt

BUNTER BUMMEL IN GRAUER STADT

Husum bei Regen ist natürlich genauso grau wie andere Städte, aber ein Bummel durch seine Museen ist extrem abwechslungsreich, z. B. durchs *Schifffahrtsmuseum* oder im *Weihnachtshaus*.

➤ S. 59, 60, Husum & Husumer Bucht

BEST OF

LOW-BUDGET

FÜR DEN KLEINEN GELDBEUTEL

RUHE SUCHEN UND FINDEN

Im verträumten Dorf *Büsumer Deichhausen* kannst du in idyllisch-ruhigen Pensionen gleich hinterm Deich Urlaub ohne Kurkarte machen.

➤ S. 93, Dithmarschen

BADEN OHNE KURKARTE

In der Nordsee baden, ohne Kurtaxe oder Nutzungsgebühr zu bezahlen, kannst du z. B. in der Husumer Bucht. Und in der *Niebüller Wehle* und in *Südwesthörn* wird nur mittels Spendenbox um einen Beitrag zum Erhalt der Badeinfrastruktur gebeten.

➤ S. 43, 50, Der Norden

DON'T PAY THE FERRYMAN

Die Passagen über den Nord-Ostsee-Kanal sind umsonst. Und es gibt Menschen, die nehmen Proviant mit und fahren stundenlang mit der *Fähre* hin und her, gucken Autos, Leute und natürlich Schiffe. Besonders idyllisch: die Fähren bei Burg und Kudensee.

HAPPY HOURS IM HAFEN

In Büsum, Husum und Tönning gehören sie zu den Höhepunkten des Hochsommers: die *Hafenfeste* mit Musik, Schiffsbesichtigungen und – in Büsum – Kutterregatta. Du zahlst keinen Eintritt und kannst mit etwas Glück sogar umsonst mitschippern.

➤ S. 127, Gut zu wissen

WATTWISSEN FÜR JEDERMANN

Aquarien, Dioramen, Filme – die *Nationalpark- und Infozentren* sind kleine Naturkundemuseen und die besten Anlaufstellen, um mehr über die Natur an und vor der Küste zu erfahren. Für eine Spende ist man dankbar.

➤ S. 107, Das Wattenmeer

EIN SOMMER AM STRAND

Von Gymnastik bis Fitness: Jede Menge Action aller Art bekommst du gratis am *Strand von St. Peter-Ording* geboten (Foto).

➤ S. 77, Eiderstedt

BEST OF

MIT KINDERN

SPANNENDES FÜR GROSS & KLEIN

PONYS REITEN UND LÄMMCHEN KNUDDELN

Ponyreiten, Schafsafari, Jahreszeitenwerkstatt und Tiere überall: Das Angebot für Kinder in der *Schäferei Rolfs* gleich hinterm Nordseedeich ist riesig – mit etwas Glück können sie hier sogar die Geburt eines Lämmchens erleben!

➤ S. 93, Dithmarschen

VON ADLER BIS WATTWURM

Bienen summen, nachts ruft der Waldkauz: Das *Naturkundemuseum Niebüll* zeigt dir multimedial die Landschaften und ihre Bewohner hier an der Küste. Und wer sich anmeldet, den nehmen die Ranger mit nach draußen zu spannenden Exkursionen.

➤ S. 42, Der Norden

MAL SEH'N, WAS PAPA DRAUFHAT …

Papa tritt in die Pedale und der Rest der Familie lässt ihn schwitzen: Zwischen Marne und St. Michaelisdonn haben clevere Kids die Möglichkeit, Papas Fitness bei einer *Draisinenfahrt* zu testen.

➤ S. 100, Dithmarschen

WAS IST DENN EIN HEULER?

Seehunde hautnah beobachten. Damit Jungtiere nicht gestört werden, sind Kameras installiert. Im Infozentrum Seehund der *Seehundstation Friedrichskoog* und im Sinnestunnel können die Kids Forscher spielen und (beinahe) selbst zur Robbe werden.

➤ S. 101, Dithmarschen

EIN BUNTER ZOO AM NORDSEESTRAND

Nach dem Baden und Ballspielen am Strand ab zum Ponyreiten, Ziegenstreicheln und Störchezählen: Der *Westküstenpark & Robbarium* in St. Peter-Ording machts möglich und noch viel, viel mehr …

➤ S. 74, Eiderstedt

WUNDERWELT WATT

Bei einer geführten *Wanderung im Weltnaturerbe Wattenmeer,* z. B. auf dem Weg zwischen Nordstrand und der Hallig Südfall, spürst du bis in die Fußsohlen, warum dieses Ökosystem so schützenswert ist.

➤ S. 69, Husum & die Husumer Bucht

FISCHER, BAUERN, KAPITÄNE

An der Küste ist man stolz auf das, was man dem Meer abgerungen hat – und was man ihm verdankt. Das *Nordfriesland-Museum – Nissenhaus* in Husum zeigt effektvoll, was die Identität der Küstenbewohner ausmacht.

➤ S. 58, Husum & die Husumer Bucht

DICKE PÖTTE GANZ NAH

An den *Brunsbütteler Schleusen* kannst du locker einen Tag verbummeln, ohne dass dir langweilig wird: von oben auf die Schiffe in den Schleusenkammern schauen, aus den Restaurants am Kanal die Segler in der Mari-na beobachten, mit der Fähre übersetzen und am Elbufer die Sonne genießen.

➤ S. 103, Dithmarschen

WENN DIE KÜSTE IN FLAMMEN STEHT

Beeindruckend sind die *Biikefeuer,* mit denen die Küstenbewohner am 21. Februar den Winter vertreiben. Stell dich einfach dazu und schlemm mit: Es gibt Hochprozentiges zu trinken und, wenn die Feuer halbwegs runtergebrannt sind, Grünkohl satt.

➤ S. 21, Die Nordseeküste verstehen

WENIG WASSER UNTERM KIEL

Seehunde auf den Sandbänken beobachten, Krabben fangen, eine Hallig besuchen oder sich einfach den Wind um die Nase wehen lassen – von allen Häfen an der Küste legen Kutter (Foto) und Ausflugsdampfer zu einer *Fahrt durchs Wattenmeer* ab.

➤ S. 115, Das Wattenmeer

SO TICKT DIE NORDSEEKÜSTE

Laufen geht aber auch …

ENTDECKE DIE NORDSEEKÜSTE

Wind und Weite: Davon gibt es an der Nordseeküste fast immer genug

Als Erstes ist da der Wind: Er lässt die Bäume gen Osten wachsen und verpasst den Büschen eine Sturmfrisur. Meist bläst er aus Westen; mal aus Nordwest, mal kommt er aus Südwest, der „Schietecke", denn von dort bringt er Wolken und Regen mit. Weht er aus Osten, plätschert das Meer leise vor sich hin und die Menschen an der Küste fühlen sich „dösig" im Kopf.

KAMPF GEGEN DIE NATURGEWALTEN

Doch ohne Wind ist die Welt an der Nordsee nicht in Ordnung. Er ist hier zu Hause; oft lässt er das Meer kabbelig werden, wie die Seeleute sagen: Dann türmen sich die Wellen auf, stürzen in sich zusammen, ihre Kämme brechen, die Gischt schäumt, und die Wassermassen werden mit aller Macht gegen das Land

Um 1200
Die Friesen bauen die ersten Deiche, um ihr Land zu sichern

1362
„Große Mandränke": Über 10 000 Menschen ertrinken. Eiderstedt entsteht

1500
Dithmarscher Bauern besiegen in der Schlacht von Hemmingstedt die Dänen

1634
Die Burchardiflut zerstört die Insel Strand. Pellworm und Nordstrand entstehen, über 80 000 Menschen sterben

1895
Eröffnung des Kaiser-Wilhelm-Kanals (heute Nord-Ostsee-Kanal)

gedrückt. Schon immer hieß es für die Menschen im Westen Schleswig-Holsteins, Wind und Wasser zu widerstehen, den Naturgewalten die Stirn zu bieten. Ihre Devise und zugleich ihr Schicksal: „Wer nicht will deichen, muss weichen." Rund 300 km lang ist die Deichlinie, die die Landschaft in zwei Teile teilt. Binnen, auf der Landseite, zerschneiden Gräben und Sielzüge das Marschland. Ein ausgeklügeltes Kanalsystem sorgt dafür, dass niemand nasse Füße bekommt. Buten, auf der Seeseite, müht sich der Mensch, das Meer zu zähmen. Seit Jahrhunderten rammt er Pfähle ins Watt, schüttet Erdhaufen auf, zieht Gräben, heute wird auch asphaltiert und betoniert – alles, um der stürmischen See, dem „Blanken Hans", zu trotzen.

WATT UND SALZWIESEN, WAT- UND WASSERVÖGEL

Ein Blick auf alte Landkarten zeigt, wie viel Land sich das Meer in den vergangenen Jahrhunderten geholt hat. So ist die heutige Nordseeküste mit den Inseln und Halligen ein Ergebnis vergangener Katastrophen. Nur dank des intensiven Küstenschutzes hatte das Meer in den letzten Jahrzehnten kaum eine Chance, sich noch mehr Land einzuverleiben. Die Landschaft vor dem Deich ist wahrlich schützenswert: Das Wattenmeer, das sich von Holland bis nach Dänemark erstreckt, ist neben den Alpen das letzte flächendeckende Wildnisgebiet Europas. Es bietet 250 Tierarten Lebensraum, die nur hier vorkommen; im Watt und auf den Salzwiesen entlang der Küste rasten auf dem Zug im Frühjahr und Spätsommer bis zu 12 Mio. Wat- und Wasservögel.

1927 Der Hindenburgdamm nach Sylt wird eingeweiht

1985 Gründung des Nationalparks Schleswig-Holsteinisches Wattenmeer

2009 Das schleswig-holsteinische Wattenmeer wird Unesco-Weltnaturerbe

2015 Baubeginn der fünften Kanalschleuse in Brunsbüttel (Fertigstellung 2026)

2018–23 Rücksetzung einiger Pfahlbauten in St. Peter-Ording wegen immer höherer Wasserstände aufgrund des ansteigenden Meeresspiegels

WELTNATURERBE, WINDENERGIE, WELLNESS

Knapp 300 000 Menschen sind an der Westküste Schleswig-Holsteins zu Hause: Südlich der Eider leben die Dithmarscher (133 000), nördlich die Nordfriesen (167 000). Und bis vor gar nicht so langer Zeit war der gesamte Küstenstrich zwischen Elbmündung und deutsch-dänischer Grenze strukturschwaches Gebiet, wie Politiker es nennen. Wurden die Arbeitslosenzahlen bekanntgegeben, stand die Westküste regelmäßig an der Spitze. Doch das ist nun vorbei, auch dank der staatlichen Subventionierung der erneuerbaren Energien: Viele Erben von Hof und Acker investierten in Biogas-, Solar- und vor allem Windkraftanlagen und sehen hinter dem Deich nun wieder eine Zukunft. Andere, die lieber von Getreide und Gemüse, Schafen und Kühen leben, stellen auf ökologische Landwirtschaft um, bauen einen Stall zum Café aus und die Scheune zu Ferienwohnungen und freuen sich auf Gäste.

Denn Dithmarscher und Nordfriesen haben gelernt: Mit Wellen, Wind und Watt allein können sie die Urlauber nicht glücklich machen. Zwar ist die Küste lang, doch Sandstrände gibt es kaum und schließlich sollen die Gäste auch bei Tiefdruck nicht Trübsal blasen. Und so bieten die Küstenorte eine umfangreiche Palette an Sport, Wellness und Spaß für die ganze Familie. Zu Fuß, mit dem Rad oder an Bord eines Schiffs können Urlauber die faszinierende Welt des Nationalparks Wattenmeer kennenlernen. Auch hat inzwischen nahezu jeder Ort an der Küste sein Museum: Multimediale, alles andere als trockene Inszenierungen vermitteln Wissenswertes über die Geschichte der Küstenregion und das Leben vor und hinter dem Nordseedeich. Wegen alldem wollen immer mehr Menschen das Land vor und hinter den Deichen entdecken; die Urlauberzahlen steigen Jahr für Jahr. Die Erhebung des Wattenmeers zum Weltnaturerbe leistet einen weiteren wichtigen Beitrag dazu und bietet den Verantwortlichen zudem die Chance zu beweisen, dass sie das Konzept der Nachhaltigkeit gerade bei einem so sensiblen Ökosystem wie dem Wattenmeer umzusetzen verstehen.

PRIMA KLIMA – ZU JEDER JAHRESZEIT

„Es gibt kein schlechtes Wetter, nur die falsche Kleidung!" Dieser, zugegeben, etwas kesse Spruch soll Sonnensüchtige trösten, wenn beim Blick aus dem Fenster mal wieder „Schietwetter" aufzieht. Kein Trost? Nun, vielleicht vertreibt ja die Statistik die letzten Zweifel am Nordseewetter: Von Juni bis August gibt es schlechtestenfalls zehn Regentage im Monat. Die Sonne scheint sieben bis neun Stunden am Tag und die Nordsee erwärmt sich auf angenehme, aber noch erfrischende 20–22 Grad. Doch den wahren Nordseefan schert die Wetterkarte ohnehin nicht. Er kommt auch im Herbst, Winter oder im Frühjahr, holt sich statt eines Sonnenbrands eine kalte Nase, schwört auf das gesunde Reizklima und schwärmt von der Ruhe. Und wenn du abends auf dem Deich der untergehenden Sonne zusiehst, wie sie Himmel und Nordsee in flammende Farben taucht – dann ist dir die Jahreszeit ganz egal. Garantiert.

AUF EINEN BLICK

142.000
Menschen pro Jahr

nehmen an Wattführungen vor der Nordseeküste teil

28.797
Schiffe befuhren 2019 den Nord-Ostsee-Kanal

Suezkanal: 18.800 Schiffe

3
Schüler

besuchen Deutschlands kleinste Schule auf Nordstrandischmoor

W:0:A
Weltgrößtes Heavy-Metal-Festival in Wacken mit 75.000 zahlenden Besuchern

Rock am Ring: 70.000

LÄNGSTER STRAND: ST. PETER-ORDING

12 km

Timmendorfer Strand (Ostsee): 6,5 km

KÜSTENLÄNGE (OHNE INSELN):

202 km

Ostseeküste Schleswig-Holstein: 328 km

TIEFSTE LANDSTELLE DEUTSCHLANDS

3,54 m
unter Normalnull

zwischen Burg und Wilster

5 SPRACHEN

In Risum-Lindholm spricht man Deutsch, Plattdeutsch, Friesisch, Dänisch und Sønderjysk (Südjütisch)

HUSUM

Größte Stadt mit 23.000 Einwohnern

KÖNIG VON DEUTSCHLAND
Rio Reiser lebte zuletzt und starb in Fresenhagen

3 UNESCO-WELTERBE
Wattenmeer, Ringreiten und Biikebrennen

DIE NORDSEEKÜSTE VERSTEHEN

BAHNWIESER & BLINDSTECHER

Wenn Gruppen von Männern über die Wiesen stapfen und ab und an mit weit ausholenden Bewegungen eine Kugel (meist aus Kunststoff, 10–12 cm Durchmesser, ca. 1 kg Gewicht) durchs Gelände pfeffern, dann ist das nicht die friesische Variante der Hasenjagd, sondern ein Boßelwettkampf. Boßeln ist bei den Friesen das, was bei den Schweizern das Schwingen ist – ein Sport mit Kultcharakter und langer Tradition. Sieger ist das Boßelteam, das mit möglichst wenigen Würfen eine festgelegte Strecke bewältigt. Und der „Bahnwieser" ist ein Mitspieler, der die Wurfrichtung anzeigt – besonders bei Nebel oder Starkregen ein wichtiger Job. *vshb.de*

Nicht weniger seltsam, aber viel zuschauerfreundlicher ist das Ringreiten, dessen hiesige Variante zum immateriellen Unesco-Welterbe gehört. Dabei müssen moderne Ritter hoch zu Ross mit einer 2 m langen Lanze an einem Gerüst aufgehängte Ringe verschiedener Größen (von 25 mm bis hinunter zu 12 mm Durchmesser!) aufspießen – und zwar mehr oder weniger im Galopp. Turniere in dieser

Großer Spaß: Wenn es ordentlich pustet, kannst du dich einfach gegen den Wind lehnen

Disziplin gibt es im Sommer in ganz Nordfriesland, wobei der jeweils schlechteste Teilnehmer mit dem schönen Titel „Blindstecher" belegt wird. *ringreiten.de*

DER BLANKE HANS

Nichts bestimmt das Leben an der Küste mehr als der Wind und das Meer, als der ewig gleiche Wechsel zwischen Ebbe und Flut, den Gezeiten. Abhängig von den gerade herrschenden Anziehungskräften zwischen Sonne, Mond und Erde steigt der Wasserspiegel etwa sechs Stunden lang (Flut), um dann in weiteren etwa sechs Stunden wieder zu fallen (Ebbe): Diesen Rhythmus (im Schnitt sind es 12 Stunden und 25 Minuten) nennt man Tide. Hochwasser gibts also im Verlauf eines Tages zweimal – was übrigens nicht bedeutet, dass das Festland oder gar die Deiche überflutet werden: Damit das passiert, muss ordentlich westlicher Wind dazukommen. Dann handelt es sich um eine Sturmflut, von den Friesen „Blanker Hans" genannt. Bei Hochwasser steht z. B. im Husumer Hafen das Wasser ca. 4 m höher als bei Niedrigwasser – das nennt man Tidenhub. Niedrigwasser gibts folglich auch täglich zweimal, dann liegt das Wattenmeer vorm Deich beinahe trocken da. Nur die Priele – tiefe, oft auch breite Rinnen im Watt mit starker Strömung – führen dann noch Wasser.

ENERGIESPARGEL

Auf dem Weg in dein Feriendomizil siehst du sie: die von der bäuerlichen Bevölkerung sinnigerweise „Energie-spargel" genannten Windräder. Besonders auf dem Weg nach Büsum und Friedrichskoog, beiderseits der B 5 auf der Höhe von Bredstedt und an der Straße nach Dagebüll ist die Landschaft ziemlich verspargelt. Hier wird besonders deutlich, warum Schleswig-Holstein Weltmeister bei der Windenergie ist und seinen Stromverbrauch zu 100 Prozent aus erneuerbaren Energien deckt. Ein paar nackte Zahlen belegen das: 3000 Windräder drehten sich Mitte 2021 zwischen Nord- und Ostsee; Ende 2022 sollen es mehr als 3300 sein. Bund und Land subventionieren den Bau; die Bauern, die das Land besitzen, machen ein gutes Geschäft. Für mehr Akzeptanz bei Bürgern und Gemeinden sorgen Landesregierung und Investoren auch dadurch, dass man sie zu Anteilseignern der Windparks macht. Längst aber ist Widerstand gegen die fortschreitende Verspargelung der Landschaft gewachsen und die Landesregierung hat Verordnungen erlassen, um den Wildwuchs der Windmühlen einzudämmen. In den Urlaubsgebieten selbst nervt kein Windrad – hier erfreuen noch hübsche alte Windmühlen das Auge.

FISCH TO GO

An der Küste das Nonplusultra, was den schnellen Snack betrifft: das Fischbrötchen. Grundzutaten: ein knuspriges Brötchen und ein Stück frischer Fisch (geräuchert, eingelegt oder paniert und gebraten) – mehr ist eigentlich nicht nötig. Damit aus „Fisch, frisch auf die Hand" nicht Fisch auf der Hand oder im Sand wird, schneidet

An der Nordseeküste sind umweltfreundliche Rasenmäher und Deichpfleger im Einsatz

man das Brötchen nicht komplett auf. Alles mögliche Fischige wird so zwischen die Brötchenhälften geklemmt, vorne liegen aber Matjes, Bismarck- oder Brathering, dicht gefolgt von Krabben und Räucherlachs – mal mit Salatblatt oder Zwiebelringen, mal ohne, auch mit Remouladen- oder Joghurtsauce. Apropos Sauce: Unverzichtbar für den unfallfreien Biss ins Brötchen ist dann eine Packung Papiertaschentücher – die mitgelieferte Serviette ist schnell nur noch ein feuchter Fetzen.

HINTERM DEICH

Die Kunst des Deichbaus brachten um das Jahr 1000 Friesen aus dem Gebiet der Rheinmündung ins Land – die Holländer haben's erfunden, könnte man sagen. Ein moderner Deich ist bis zu 8,70 m hoch und hat einen Sandkern mit einer Decke aus fettem Marschboden. Um das Deichgrün kümmern sich vierbeinige Helfer: Schafe halten das Gras kurz und verdichten den Boden, sodass Maulwürfe und Mäuse kaum eine Chance haben, im Deich herumzuwühlen. Eingedeichtes Marschland nennt man Koog. Einen guten Eindruck eines Koogs bekommst du auf der Fahrt nach Dagebüll durch den Hauke-Haien-Koog: auf der einen Seite der schafbestandene Deich, auf der anderen gehen im und am Wasser Hunderte, oft Tausende von Vögeln ihren Geschäften nach. Dahinter liegen große Bauernhöfe. Früher deichte man ein, um Ackerland zu gewinnen, heutzutage dienen neue Deiche und Köge ausschließlich dem Küstenschutz.

HURRA, ES BRENNT!

Wenn es am 21. Februar dunkel wird, lodern überall an der Küste große Feuer: Die Biiken brennen. Während die riesigen Haufen (*Biiki* = Seezeichen) aus Gestrüpp, Weihnachtsbäumen und Altholz langsam niederbrennen, werden geistige Getränke gereicht und flammende Reden gehalten, meist auf Plattdeutsch. Danach geht es zum gemeinschaftlichen Grünkohlessen. Der Ursprung des Fests ist ein heidnischer: Das ⚑ Biikebrennen sollte böse Geister vertreiben und die neue Saat beschützen. Heutzutage ist der uralte Brauch – er gehört zum immateriellen Unesco-Welterbe – auch ein touristisches Event – mitten im Februar ist dann für ein paar Tage Hochsaison.

KLÖNSCHNACK

Was du auf dem Markt oder beim Bäcker vielleicht nicht verstehst, ist oft ein Gemisch aus vielen Sprachen. Dazu muss man wissen, dass in Schleswig-Holstein fünf Sprachen gesprochen werden: die Standardsprachen Hochdeutsch und Reichsdänisch und die Volkssprachen Niederdeutsch (Plattdeutsch, kurz: Platt), Friesisch und Jütisch. Oft reicht das Sprachengewirr bis in die Familien hinein. Die Großeltern sprechen Friesisch oder Jütisch, unterhalten sich mit ihren Kindern aber auf Platt. Diese wiederum sprechen mit ihren Kindern, den Enkeln, Hochdeutsch.

Man schätzt, dass noch etwa 10 000 Nordfriesen die Sprache ihrer Vorfahren beherrschen, wobei es auf Inseln und Festland mehrere unterschiedli-

KLISCHEE KISTE

MAULFAULE MENSCHEN

Es stimmt, an der Küste gilt man vielfach schon als sabbelig, wenn man mit „Moin, moin" statt mit „Moin" grüßt. Aber mal ehrlich: Moin genügt doch auch! Viele Dithmarscher und Nordfriesen sind wirklich eher wortkarg, zugegeben, und wirken auf den ersten Blick oft mürrisch. Doch wie so häufig im Leben: Der erste Eindruck täuscht. Kommt man mit ihnen ins Gespräch oder braucht man Hilfe, sind sie meist dermaßen offen und zugewandt, dass es eine wahre Freude ist.

FETT UND DEFTIG

Immer noch weit verbreitet ist der Irrtum, in den Landgasthöfen an der Küste gäbe es nur matschige Kohlgerichte, fetttriefende Bratkartoffeln und nach Hammel müffelnde Eintöpfe. Doch das ist voll daneben. Natürlich ist die traditionelle Küche an der Küste ziemlich gehaltvoll – muss sie ja auch sein, Bauern und Fischer brauchen schließlich ordentlich was auf die Rippen, wie man hier sagt. Doch längst veredeln die Küstenköche auch auf dem platten Land selbst deftige Eintöpfe zu leichten Gerichten und komponieren aus Galloway-Rind, Gans, Schaf, Scholle, Kohl und Kartoffeln köstliche Menüs – auch auf Sterneniveau.

che Dialekte gibt. Sind die Einheimischen unter sich, sprechen sie ihre Sprache. In vielen Schulen an der Küste wird Nordfriesisch, das von der EU als gefährdete Sprache eingestuft ist, als Unterrichtsfach angeboten. *nord friiskinstituut.de*

O KAROLA …

… siet letzte Woch' is dat um mi geschehn, ick heb' di inne Köök Krabben pulen sehn", singt die norddeutsche Kultband „Torfrock". Und das mit gutem Grund – sind die schmackhaften Krabben (plattdeutsch: *Porren*) doch in manchen Jahren so rar und damit so teuer, dass es sich richtig lohnt, in der Küche jemanden zu haben, der sich aufs Krabbenpulen versteht. Karola mit den flinken Fingern muss etwa drei Pfund Krabben pulen, um ein Pfund Krabbenfleisch zu erhalten – und spart so über ein Drittel des Preises, den gepulte Krabben kosten.

Bei den von ihrem Panzer befreiten rosa Tierchen, die an der Küste auch als „Büsumer Krabben" im Brötchen, in der Suppe oder zum Spiegelei serviert werden, handelt es sich eigentlich um Nordseegarnelen. Sie werden im Wattenmeer von Krabbenkuttern gefischt und noch an Bord gekocht – erst dadurch bekommen die blassbeigen Krustentiere ihre appetitliche rosa Farbe. In praktisch allen Häfen an der Küste werden Krabben direkt vom Kutter verkauft. Lass dir vom Fischer kurz zeigen, wie man so eine Garnele pult: Es ist leichter, als du denkst.

INSIDER-TIPP
Superfrisch, supergut, supergünstig

Krabben und Fi vom Kutter Heim・・ täglich fris

Natürlich ohne Konservie

MOIN

Glaub bloß nicht, die Küstenmenschen würden sich von Sonnenauf- bis Sonnenuntergang einen guten Morgen wünschen. Der Ruf „Moin!" bedeutet nicht (guten) Morgen. *Moi* heißt auf Plattdeutsch gut, schön. Entsprechend bedeutet Moin: „einen Guten!" Wird dir ein freundliches „Moin" zugerufen, dann grüß mit einem einfachen „Moin" zurück, niemals mit einem „Moin, Moin!", das ist für Nordfriesen Touristenplatt. Zur Aussprache: In „Moin" gibt es kein j, also nicht „Meujen". Richtig ist ein kurzes Meun, ähnlich wie neun. Verabschiedest du dich, sag einfach „Tschüs!".

HEUHERBERGEN

Die mächtigen Haubarge auf Eiderstedt sind einzigartig. Die ersten dieser größten Bauernhäuser der Welt wurden um 1600 errichtet. Die Idee: alles unter einem Dach. Kernstück eines Haubargs ist der Vierkant. Vier ge-

Auch ohne Holzkäpt'n: Frische Krabben bekommst du vom Kutter – pulen musst du selbst

waltige Eichenpfähle, die auf Findlingen im Erdreich stehen, tragen das wuchtige, bis zu 20 m hohe Reetdach. Größere Haubarge haben sogar mehrere Vierkante aus sechs oder acht Ständern. In diesem Vierkant wurde das Heu „geborgen" (daher Haubarg), drum herum wurde das Getreide gedroschen und das Vieh versorgt – und im Südteil, auf der Sonnenseite, da lebte die Familie. Von einstmals etwa 400 Haubargen stehen heute noch ca. 40. Besichtigen kannst du den *Roten Haubarg* (s. S. 83) bei Witzwort, den *Haubarg am Meer (haubarg-am-meer. de)* in Vollerwiek und den *Mars-Skipper-Hof (eingartenfuerdiesinne.de)* in Kotzenbüll.

UNTER REET

Die Vermieter an der Küste werben gern mit „Urlaub unter Reet" – und wollen damit die Vorzüge einer Dachdeckung anpreisen, von denen man als Urlauber – außer dass es hübsch behaglich aussieht – gar nicht so viel mitbekommt. Doch so ein Reetdach hat an der stürmischen Küste den Vorteil, dass es dem Wind nachgibt; manch starke Böe, die ein Pfannendach abdecken würde, kann der dicken, aber weichen Halmhaube nichts anhaben. Und das Reet isoliert: Im Winter hält es die wohlige Wärme, im Sommer sorgt es für kühle Räume unterm Dach. Einziger Nachteil eines Reetdachs: Es ist leicht entzündbar. Brennt das Dach, führt solch eine Katastrophe meist zum Totalschaden.

Und was ist Reet? Schlicht und einfach Schilfrohr, auch Ried genannt. Es wird in Bündeln im Winter geerntet, wenn es sich gut schneiden lässt. Da der heimische Reetbestand längst nicht mehr genügt, werden die Halme aus Rumänien und Ungarn importiert. Ein Trost für alle, deren Urlaubsquartier kein gemütliches Reetdach besitzt: Auch „Urlaub unter Ziegeln" soll durchaus erholsam sein …

ESSEN
SHOPPEN
SPORT

Die Schafe auf den Deichen lassen sich durch Radler nicht aus der Ruhe bringen

ESSEN & TRINKEN

DORFKRUG ODER FRIESENBISTRO?

Die einen locken mit friesischen Farben und maritimem Ambiente, andere mit viel Holz und skandinavischem Design, wieder andere setzen auf den Charme bäuerlichen Dekors. Doch ob trendig oder traditionell: Das Ambiente sagt nichts über den Koch und seine Künste. Manch einer, der sich in eine Dorfgaststätte abseits der Touristenpfade hineinwagte, schwärmt noch heute vom Sauerfleisch mit Bratkartoffeln, vom Brathering mit Salat und den Typen am Tresen.

SÜPPCHEN ODER PFÄNNCHEN?

Beliebte Vorspeise ist die Krabbensuppe. Serviert wird sie in einer Suppentasse und heiß muss sie sein, gekrönt mit einer Sahnehaube. Ein Pfännchen gebratenen Miesmuschelfleischs mit Tomaten und Knoblauch ist ebenfalls ein feiner Appetitmacher aufs Hauptgericht.

MIT ODER OHNE GRÄTEN?

Fisch – na klar! Kabeljau, Aal, Makrele, Seewolf – unter seinem Zweitnamen Steinbeißer – und Steinbutt werden fangfrisch serviert. Auf dem Teller ist die Scholle Spitzenreiter, im Fischbrötchen gehen vorzugsweise Hering (gebraten oder eingelegt) und Räucherfisch aller Art als Zwischendurchsnack über die Tresen der Fischbuden und -läden. Scholle gibt es in etlichen Variationen auf der Speisekarte. Wer Gräten fürchtet, die Haut nicht mag und den Plattfisch auf dem Teller nicht zu bändigen weiß, der bestellt Filets, gebacken in dünner Panade. Wenn dir auf der Speisekarte das Wort „Pannfisch" begegnet, dann ist das kein spezielles Flossentier, sondern in der Pfanne gebratene Filetstücke verschiedener Fischsorten, meist mit Senfsauce und fast immer mit Bratkartoffeln angerichtet. Unbedingt probierenswert!

Herrliche Kombi: Im Garten des Roten Haubargs sitzen und eine Scholle Büsumer Art essen

ZWEI ODER VIER BEINE?

Eine Ente ist eine Ente und ein Lamm ein Lamm. Von wegen! An der Nordseeküste werden Enten z.B. als Koogenten angepriesen – und ihre wild lebenden Verwandten sind eine äußerst beliebte Delikatesse. Apropos wild: Probier mal einen Graugansbraten! Gekonnt zubereitet, hat sich der große graue Vogel zu einer echten Küstenspezialität gemausert.

Ein Lamm ist an der Küste ein Deichlamm oder ein Salzwiesenlamm. Und ein Leckerbissen! Die Lammzeit beginnt Ende Mai, Anfang Juni. Dann sind die Tiere ein halbes Jahr alt und haben sich auf dem Deich oder den Salzwiesen davor schlachtreif gefuttert. Das Fleisch ist zart, von unvergleichlich mildwürzigem Geschmack, fettarm und somit leicht bekömmlich.

Was die Zubereitung angeht: Es muss nicht immer Knoblauch sein. Die Küstenköche haben sich längst viel mehr einfallen lassen, um Keule, Rücken oder Kotelett küchentechnisch zu veredeln. Also: Steht Lamm auf der Karte, solltest du es dir auf keinen Fall entgehen lassen. Und sei nicht misstrauisch – man wird es kaum wagen, dir welches aus Neuseeland zu servieren. Und Rindviecher? Gibts reichlich an der Küste! Husumer Weideochsen, Galloways, Angusrinder, Highland-Cattle – nachhaltig aufgezogen, mit ganz hervorragendem Fleisch.

KOHL, KOHL ODER KOHL?

Dithmarschen hat das größte Kohlkopfaufkommen Europas. Jährlich ernten die Dithmarscher für jeden Bundesbürger mindestens einen Kohl. So ist es kein Wunder, dass an der Küste das einstige Armeleutegemüse im Topf Karriere macht. Als

Beim Pharisäer kaschiert die Sahnehaube Hochprozentiges

ßen Kartoffeln, Fisch mit gedörrtem Obst, Gänsekeule süßsauer – die Vorstellung mag manchen verschrecken, aber nach dem ersten Löffel ...

Die beste Zeit für den Star unter den Eintöpfen – Birnen, Bohnen und Speck – ist der Spätsommer; dann sind die kleinen Kochbirnen reif, die Bohnen zart und vom Schinken gibt es den Speck. Apropos Speck: Wenn du davon nicht genug auf den Rippen hast, mach mal Bekanntschaft mit dem Dithmarscher Mehlbüdel oder mit seinem noch gehaltvolleren Bruder, dem Großen Hans! Den köstlichen, im Wasserbad gegarten Teigpudding mit Rosinen gibts als Hauptgericht mit Schweinebacke und Backobst oder als Nachtisch mit Fruchtsauce übergossen.

Auflauf, Eintopf, Roulade, Salat; allerlei raffinierte Rezepte füllen Kochbücher und Speisekarten. Die Saison der Weiß-, Rot-, Rosen- und Blumenkohlköpfe beginnt im Herbst; ab Spätherbst kommt Grünkohl auf den Teller. Das traditionelle Wintergemüse hat – wie auch der Weißkohl – einen besonders hohen Vitamin-C-Gehalt. Um den Vitaminschock etwas abzufedern, wird das Gemüse mit Kochwurst, Schweinebacke, Kasseler und kleinen, karamellisierten Kartoffeln serviert.

SÜSS ODER SAUER? SÜSSSAUER!

Ob „dicke" Töpfe mit Fisch, Fleisch und Hülsenfrüchten oder „dünne" – klare Suppen mit Grießklößchen und Frühlingsgemüse –: im Kreieren von Köstlichkeiten in nur einem Topf sind die Küstenköche Meister. Speck mit sü-

KAFFEE, KAKAO ODER DOCH LIEBER KÖM?

Ein deftiges, gehaltvolles Winteressen verdaut mancher Magen nicht so leicht. Lass dir dann von einem eisigen Aquavit oder Köm helfen. Hochprozentiges wird an der Küste ansonsten gern „heimlich" getrunken. So werden in Kaffeetassen und Kakaobechern wärmende Geister versteckt. Lässt der Punsch noch ahnen, dass hier nicht nur der Tee belebt, denkt man bei Pharisäern und Toten Tanten an nichts Böses. Doch was sich unterm Sahnehäubchen verbirgt, hat es in sich. Ebenso wie der Eiergrog. Was da sahnegelb im Glas schimmert – geschlagenes Eigelb, Zucker, Rum, heißes Wasser –, wärmt von den Haar- bis in die Fußspitzen und ist übrigens ein uraltes Hausmittel bei Erkältung.

Unsere Empfehlung heute

Vorspeisen

GRÜNKOHLSALAT
In Olivenöl und Zitronensaft mariniert, mit Kirschtomaten

KRABBENSUPPE
Mit ordentlich Krabben drin

FLIEDERBEERSUPPE
Mit Grießklößchen

MATJESTATAR
Fein gehackte Matjesfilets mit Gewürzgurken und Kapern, dazu Zitronen-Senf-Marinade

Hauptgerichte

PANNFISCH
Gebratene Fischfilets in Senfsauce mit Bratkartoffeln

SCHOLLE BÜSUMER ART
Gebratene Scholle mit Krabben

LAMMKARREE
Vom Deichlamm, dazu Gemüse der Saison

LABSKAUS
Eintopf aus gepökeltem Rindfleisch, Kartoffeln, Zwiebeln und Roter Bete, dazu Rollmops und obendrauf ein Spiegelei

RÜBENMUS
Eintopf aus Steckrüben, Möhren und Kartoffeln, dazu krosser Speck, Röstzwiebeln und Petersilie

SCHNÜSCH
Ragout aus Bohnen, Erbsen, Möhren-, Kohlrabi- und Kartoffelstückchen in einer Milch-Mehl-Sauce

HALLIGBROT
Schwarzbrot, dick belegt mit Krabben, darauf zwei Spiegeleier

MEHLBÜDEL
Kloß aus Mehl, Eiern, Hefe und Milch, in einem Leinenbeutel – dem Büdel – gegart, dazu Schweinebacke und Senf

Desserts

ROTE GRÜTZE
Rote Beeren, mit Zimt und Zucker eingekocht und mit flüssiger Sahne serviert

FRIESENTORTE
Sahne und Pflaumenmus zwischen zwei Lagen Blätterteig

FUTJES
Rundes, mit Pflaumenmus gefülltes Hefeteiggebäck, goldbraun ausgebacken

SHOPPEN & STÖBERN

DANSKE DESIGN

Im Königreich gibt es nicht nur Kerzen und Tabak. Die trendigen Möbelhäuser in Tønder haben im Sommer auch am Wochenende geöffnet und liefern meist auch nach Deutschland kostenlos. Für Küche und Wohnzimmer gibt es zudem schickes dänisches Design und all den Schnickschnack, den man zwar nicht braucht, aber schön findet. Wer Geld ausgeben möchte, shoppt edle Leuchter und Gläser skandinavischer Glasbläsereien, Porzellan der Manufaktur Royal Copenhagen oder Besteck und Accessoires des berühmten Gold- und Silberschmieds Georg Jensen.

INSIDER-TIPP
Hier ist fast alles Gold, was glänzt

ÖKOKÖSTLICHES

Lammmettwurst und -schinken, Wurst vom Galloway- oder vom Highlandrind sowie Schafs- oder Ziegenkäse,

eingeschweißt gekauft am letzten Urlaubstag, gehören in die Kühltasche. Haltbarer sind ein Glas rote Grütze oder Marmelade z. B. aus Sanddorn sowie eingewecktes Sauerfleisch. Längst gibt es diese Köstlichkeiten auch in Bioqualität nicht nur in den zahlreichen Hofläden, sondern auch in normalen Geschäften und natürlich auf den Märkten im Land. In Supermärkten findest du auch regionale Produkte mit dem Uthlande-Label – vor allem die in Gläser abgefüllten Ragouts, Gulaschs und deftigen Suppen sind echt gut! Und schließlich gehört auch eine gute nordfriesische Teemischung ins Gepäck und zum Veredeln derselben eine Flasche hochprozentiger Köm.

Hier noch ein paar empfehlenswerte, nachhaltig wirtschaftende Produzenten: *Pauli Biohof (gutes-vom-hof.sh)* in Norderstapel, die *Friesische Schafskäserei (friesische-schafskaeserei.de)* in

Wo du Schafskäse wie in Tetenbüll (re.) direkt vom Hof bekommst: unbedingt zugreifen!

Tetenbüll, die *Osterhusumer Meierei (nordseemilch.com)* in Witzwort, die *Wacken-Brauerei (wacken.beer)* in Wacken, der *Biolandhof Pauls (bioland hofpauls.de)* in Welt und der *Dithmarscher Gänsemarkt (gänsemarkt.de)* in Gudendorf.

KUNST? HANDWERK? KUNSTHANDWERK!

Die Schilder „Galerie" und „Töpferei" am Straßenrand versprechen Kunst und Handwerk. Nimm dir die Zeit und schau mal rein. Ob es sich bei dem Aquarellleuchtturm oder der Küstenlandschaft in Öl nun um Kunst handelt, darüber lässt sich streiten. Letztendlich entscheidest du, ob es zu Hause noch einen Platz an der Wand gibt. Dem Töpfer an seiner Drehscheibe über die Schulter zu schauen ist faszinierend und womöglich erstehst du ein Service, gebrannt mit friesisch-farbiger Glasur. Sollten Bilder, Becher und Kannen ein Preisschild tragen, gib dennoch ein Gebot ab. Handeln ist erlaubt!

WOLLE WÄRMT

Wie wäre es mit einem Schafsfell, hell oder dunkelbraun? Wenn dir solch eine natürliche Wärmflasche gar zu tierisch ist, du aber auf wärmende Wolle nicht verzichten möchtest, bleiben dir ein paar Knäuel Wolle – handgesponnen und naturgefärbt. Da ist jede Masche mit einer schönen Erinnerung verbunden. Und auch des Strickens und Häkelns Unkundige werden an der Küste nicht allein gelassen: Überall in den Dörfern sitzen Mädels, Muttis und Omas und schaffen wahre Wunderwerke von wärmenden Pullis, Strümpfen, Schals und Mützen, die nicht kratzen wie früher mal und auch modischen Ansprüchen genügen. Achte einfach auf entsprechende Hinweisschilder in den Gärten!

SPORT

ANGELN

An der Westküste haben Fans selbst gefangener Fischmahlzeiten alle Möglichkeiten: Brandungsangeln, Hochseeangeln, Fischen in Seen, Sielzügen und Flüssen. Egal, wo du den Köder hineinwirfst, du brauchst einen Fischereischein und für die meisten Binnengewässer zusätzlich eine Gastanglerkarte. Näheres erfährst du in den Touristinformationen oder in Angelgeschäften. Wo die besten Spots fürs Angeln im Meer liegen, erfährst du ebenfalls bei den Touristinformationen. Beliebte Reviere fürs Angeln im Binnenland sind in der Nähe von Bredstedt die *Arlau* und die *Ostenau,* bei Friedrichstadt die *Eider,* die *Sorge* und die *Treene.* Auskunft: *Angelgeräte Ovens (Andreas-Clausen-Str. 2 | Husum | Tel. 04841 7 24 32).* Um Meldorf herum gibt es u. a. die *Miele* und die *Außenmiele,* die *Süderau,* die *Wolmersdorfer Tonkuhle* und das *Barsfle-*

ther Gewässer. Auskunft: *Touristinformation Meldorf (Nordermarkt 10 | meldorf-urlaub.de).* Im Norden Nordfrieslands gibt es fischreiche Auen (u. a. *Lecker Au, Soholmer Au, Karlum-Au*), in denen du auch Meerforellen fangen kannst, und jenseits der dänischen Grenze den *Ruttebüller See.* Auskunft: *Pörksen Angelsport (im Friesencenter an der B 5 | Niebüll | Tel. 04661 90 33 45)*

GOLFEN & CO.

An der Westküste Schleswig-Holsteins gibt es sechs Golfclubs, und zwar in St. Michaelisdonn, Büsum, Tating, St. Peter-Ording, Schwesing bei Husum und Stadum bei Leck. Für Neugierige werden Schnupperkurse angeboten und auf dem *Golfplatz Open County (9 Loch | Tel. 04863 95 50 60 | open county.de)* in Tating mit Pub und Guesthouse sowie dem 9-Loch-Kurzplatz vom *Golfclub Am Donner Kleve (St. Mi-*

Bei einer Kanuwanderung auf der Treene machst du ganz neue Bekanntschaften

chaelisdonn | Tel. 04853 88 09 09 | golf-am-donner-kleve.de) kannst du auch ohne Handicap und Mitgliedschaft golfen. Ganz wunderbar im *Golfclub Büsum-Dithmarschen* (18 Loch | Warwerort | Tel. 04834 96 04 60 | gc-buesum.de) sind das *Café & Restaurant am Priel* (tgl. 11–20 Uhr | Tel. 04834 96 04 62 | €) und der Blick von dessen Terrasse: Golfplatz-atmosphäre schnuppern und den Duft knuspriger Bratkartoffeln! Fuß statt Schläger, Leder- statt Golfball, Hindernisse (Baumstämme, Reifen, Tunnel) statt Roughs und Bunker: Das ist Fußballgolf. Eingelocht oder -genetzt wird auf 18 Bahnen in Büsumer Deichhausen: *The James* (Achtern Diek | fussball-golf.com)

INLINESKATEN
Die glatten Asphaltwege vor und hinter dem Deich sind ideale Pisten für Rollerblades. Skaterhochburg ist *Nordstrand*. Auskunft: *Kurverwaltung* | Tel. 04842 4 54 | nordstrand.de

KANU
Auf Flüssen, den breiten Sielzügen und Seen ist Kanufahren erlaubt. Beliebt ist der *Bottschlotter See* bei Fahretoft 10 km südlich von Niebüll. Eider, Treene und einige Auen sind Revier von Kanuwanderern. Auskunft z.B. beim *Kanu-Service-Südtondern* (Dagebüll | Tel. 04674 8 65 | kanu-service.de). Informationen zu Kanu- und Kajaktouren auf Eider, Treene, Sorge und Stör findest du auf *sh-kanuland.de* oder *nordkanu.de*.

NORDIC WALKING
Dithmarschen glänzt mit elf Nordic-Walking-Routen verschiedener Längen und unterschiedlicher Schwierigkeitsgrade, zusammengefasst im *Nordic Walking Park Dithmarschen* mit ei-

ner Gesamtlänge von 110 km. Start- und Zielpunkte sind in Büsum, am Meldorfer Speicherkoog, in Friedrichskoog und im Zentrum von Brunsbüttel. In Nordfriesland bietet z. B. der *Nordic Walking Park Niebüll* sechs Routen mit 40 km Gesamtlänge.

RADFAHREN

Die *North Sea Cycle Route (northseacycle.com)* mit 7050 km Länge ist der längste ausgeschilderte Fahrradweg der Welt. Er umrundet die Nordsee und führt durch acht Länder. An der schleswig-holsteinischen Nordseeküste beginnt er in Brunsbüttel und verläuft, meist parallel zur Küste, am Deich entlang nach Dänemark. Willst du nur einfach mal so in die Pedale treten, denk an den Wind: Plan deine Touren möglichst so, dass du auf dem Rückweg, wenn du erschöpft bist, den Wind im Rücken hast. Wer per E-Bike unterwegs ist, hat das Problem „Wind von vorn" nur dann, wenn der Akku leer ist. Doch Ladestationen gibt es überall an der Küste, Infos findest du u. a. unter *lemnet.org* und *echt-dithmarschen.de.*

Wem richtige Touren zu anstrengend sind, der radelt auf den asphaltierten Wegen seeseits des Deichs. Wunderbar Rad fahren und dabei Schiffe gucken kann man auch auf den Wirtschaftswegen beiderseits des Nord-Ostsee-Kanals: Unter *nok-route.de* findest du Tipps zu allem, was zu so einer Radtour dazugehört.

REITEN

Die örtlichen Reitervereine organisieren Ausritte für Erwachsene sowie Voltigieren und Ponyreiten für Kinder. Besonders reizvoll ist ein Ausritt am

In St. Peter-Ording heizt du im Kitebuggy mit 100 km/h über den Strand …

… oder galoppierst nicht ganz so schnell an der Wasserkante entlang

Strand und im Watt. Informationen gibt es z. B. in *Bordelum* bei Bredstedt vom *Reit- und Fahrverein Stollberg (Tel. 04671 29 49 | reit-und-fahrverein-rund-um-den-stollberg.de)*, in Heide beim *Reitstall Ditmarsia (Waldschlösschen-str. 128 | Tel. 0481 4 21 27 58 | werner-busse.de)*, in St. Peter-Ording beim *Reitstall Dreililien (Zum Südstrand 11 | Tel. 04863 24 01 | reiten-am-meer.de)*, in Süderlügum bei *Wollesen's Reiter-hof (Osterstr. 3 | Tel. 04663 3 03 | reiter hof-wollesen.de)* oder in Westerdeich-strich bei Büsum beim *Reiterhof Hen-nings (Stinteck 57 | Tel. 04834 9 31 25 | reiterhof-hennings.de)*.

WIND- & KITESURFEN, SUP & STRANDSEGELN

Die Surferhochburgen an der Fest-landküste sind der *Tümlauer Koog* auf Eiderstedt und – an guten Tagen sogar mit etwas Brandung – *St. Peter-Ording*.

Über Wind- und Kitesurfen informiert in St. Peter-Ording das *Wassersport-center X-H2O (Tel. 0175 2 48 84 24 | x-h2o.de)* am Ordinger Strand und in Meldorf die *Surf- und Kiteschule (Am Yachthafen 8 | Speicherkoog | Tel. 0179 4 52 00 16 | action-surf-meldorf.de)*, die beide auch Kurse im Stand-up-Paddling anbieten.

Könner und Mutige probieren das Surfen auf dem Trockenen: Mit dem Kitebuggy kannst du dank Segel mit bis zu 100 km/h über den Sand flitzen *(Kitebuggyfahrschule St. Peter-Ording | buggyfahrschule.de)*. Kitesurfen ohne Wasser, dafür mit vier Rädern unter dem Board: Das ist Kitelandboarding *(kitearea.de)*. Tating ist ein Hotspot für diesen Sport. Eine rasante Herausfor-derung für Geübte stellt auch das Strandsegeln *(ycspo.de)* dar, für das der Ordinger Strand eine der besten Locations ist.

DIE REGIONEN IM ÜBERBLICK

Westerland

Alkersum

Nordsee

HUSUM & DIE HUSUMER BUCHT S. 54

EIDERSTEDT S. 70

St. Peter-Ording

Baden und surfen am Traumstrand der grünen Halbinsel

Deutsche Bucht

20 km
12.43 mi

Auf Deichen wandern und Vögel beobachten im Land der Köge

Tønder

Søndrå

DANMARK

Leck

DER NORDEN S. 38

Bummeln, shoppen und Museen besuchen in der Stadt am Meer

Schlei

Husum

Treene

Wittensee

Heide

Eider

Nord-Ostsee- Kanal

DITHMARSCHEN S. 86

DEUTSCHLAND

Brunsbüttel

Radeln im Bauernland zwischen Nord-Ostsee-Kanal und Eider

Elbe

DER NORDEN

DEICHE, KÖGE, HÄFEN UND HALLIGEN

„Enneff" nennen die Nordfriesen den Landstrich im Nordwesten Schleswig-Holsteins – NF ist das Autokennzeichen für den Landkreis nördlich der Eider. Ein karges Land, durch das der Wind pfeift, sagen die, die nur schnell durchreisen, um auf die Inseln oder nach Dänemark zu kommen. Für alle anderen ist das Land mit dem weiten Horizont ein Sehnsuchtsort.

Enneff wird um 1000 n. Chr. besiedelt. Die ersten Nordfriesen entwässern das Land, deichen es ein, züchten Vieh und fristen ein kärg-

Durch Salzwiesen gehts zur Hamburger Hallig

liches Leben. Als Nordfriesland noch einem Flickenteppich im Wasser glich, bauten sie ihre Häuser auf den Geestrücken von Sylt und Föhr oder auf Warften in den Außenlanden, dem Uthlande. Fegte die Nordsee doch mal wieder ihre Katen weg, fuhren sie als Walfänger zur See und kamen reich zurück – wenn sie die Fahrten überlebten. Das Land hinter den Deichen gehörte bis 1920 mal zu Dänemark, mal zu Deutschland – und ist heute ein Beispiel für gelebte Völkerfreundschaft.

DER NORDEN

Westerland (Sylt)

Sylt 8

Friedrich-Wilhelm-
Lübke-Koog

N o r d s e e

Südwesthörn 9

Dunsum
Oldsum
Süderende
Utersum
14 Föhr
Midlum
Oevenum
Alkersum
Borgsum
Wrixum
Witsum
Nieblum
Wyk auf Föhr

Norddorf auf Amrum

MARCO POLO HIGHLIGHTS

★ **MØGELTØNDER**
Eine bildhübsche Dorfstraße und ein königliches Schloss mit Park ➤ S. 46

★ **NOLDE-MUSEUM**
Ein Muss für Kunst- und Gartenfreunde: die Bilder und Blumen in Adas und Emils ehemaligem Zuhause ➤ S. 47

★ **TØNDER (TONDERN)**
Dänemark wie aus dem Bilderbuch gleich hinter der Grenze: *hyggelige* Häuser, Gassen und Läden ➤ S. 45

★ **HAMBURGER HALLIG**
Eine Hallig mit Festlandanschluss und feinem Essen ➤ S. 52

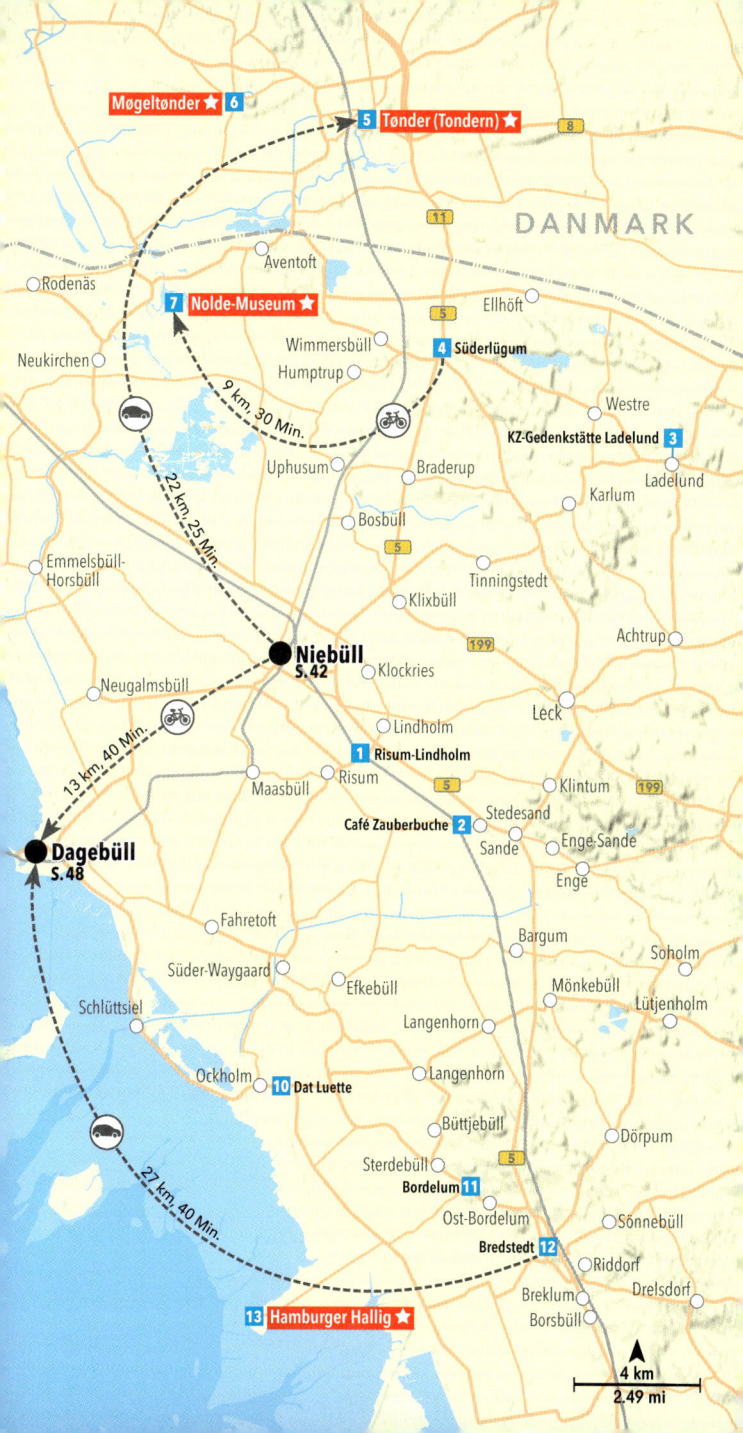

Møgeltønder ★ **6**

Tønder (Tondern) ★ **5**

8

11

DANMARK

Aventoft

Rodenäs

Ellhöft

7 Nolde-Museum ★

5

Neukirchen

Wimmersbüll

4 Süderlügum

Humptrup

Westre

9 km, 30 Min.

KZ-Gedenkstätte Ladelund **3**

Uphusum

Braderup

Ladelund

22 km, 25 Min.

Karlum

Bosbüll

5

Emmelsbüll-
Horsbüll

Tinningstedt

Klixbüll

Achtrup

199

● **Niebüll**
S.42

Klockries

Neugalmsbüll

Leck

13 km, 40 Min.

Lindholm

1 Risum-Lindholm

Maasbüll

Risum

5

Klintum

199

Café Zauberbuche **2**

Stedesand

● **Dagebüll**
S.48

Sande

Enge-Sande

Enge

Fahretoft

Bargum

Süder-Waygaard

Soholm

Schlüttsiel

Efkebüll

Mönkebüll

Lütjenholm

Ockholm

10 Dat Luette

Langenhorn

Langenhorn

27 km, 40 Min.

Büttjebüll

Dörpum

Sterdebüll

5

Bordelum **11**

Ost-Bordelum

Sönnebüll

Bredstedt **12**

Riddorf

Breklum

Drelsdorf

13 Hamburger Hallig ★

Borsbüll

4 km

2.49 mi

NIEBÜLL

(□ D4) **Jährlich rollen hier über 1,5 Mio. Fahrzeuge auf die Autozüge und wieder runter: Für Syltbesucher ist Niebüll (10 000 Ew.) lediglich Verladestation.**

Wer jedoch im Kreisverkehr am südlichen Ortseingang statt dem Abzweig „Autoverladung" dem Wegweiser „Niebülls Museen" folgt, der wird in diesem nordfriesischen Luftkurort einiges entdecken.

SIGHTSEEING

RICHARD-HAIZMANN-MUSEUM 👁

Richard Haizmann war ein Maler und Bildhauer, der von 1934 bis 1963 in Niebüll lebte. Neben seinen Werken siehst du hier Kunst der klassischen Moderne und der Gegenwart – vor allem aus Norddeutschland und Skandinavien. *Di–Fr 11–16.30, Sa 11–13, So 14–17 Uhr | Eintritt frei (Spende erbeten) | Rathausplatz 2 | haizmann-museum.de | ⊙ 1 Std.*

NATURKUNDEMUSEUM NIEBÜLL 🐾

Kein muffiges Museum, in dem der Staub aus den Präparaten rieselt, sondern eine moderne Erlebnisausstellung: Alles, was an der Nordseeküste kreucht und fleucht, gibt es hier zu sehen und zu hören. Das Museum ist zugleich Nationalpark-Infozentrum. *April/Mai und Sept./Okt. Di–So, Juni–Aug. tgl. 14–17.30 Uhr, Führungen n. V. | Eintritt 4 Euro, Kinder ab 6 J. 2 Euro |*
Hauptstr. 108 | Tel. 04661 56 91 | nkm-niebuell.de | ⊙ 1½ Std.

FRIESISCHES MUSEUM 🚩

In einem bald 300 Jahre alten Friesenhaus im Ortsteil Deezbüll erfährst du, was ein Pesel ist, eine Dörns und eine Klüterkammer – also alles über die friesische Wohnkultur von anno dunnemals. *Juni–Sept. tgl. 14–16 Uhr oder n. V. | Eintritt 2 Euro | Osterweg 76 | Tel. 0175 4 14 61 85 | friesisches-museum.de | ⊙ 1 Std.*

ESSEN & TRINKEN

LOLA'S BAR

Stylisher, dabei aber gemütlicher Ganztagstreffpunkt gegenüber vom Bahnhof. Diverse Frühstücksvarianten, Pizzen, gut bestückte Brotplatten, Cocktails und Kuchen. *Mo geschl. | Rathausstr. 10 | Tel. 04661 9 37 49 77 | lolascafebar.wixsite.com/website | €*

RATSKELLER

Ebenerdig frühstücken die Leute in der *Kaffeemaus* oder testen dort ausgesuchte Kaffeesorten. Eine Treppe tiefer werden Küchenstandards, auch vegetarische, und günstige Mittagsgerichte serviert. *Sa-Mittag und So geschl. | Hauptstr. 44 | Tel. 04661 7 36 94 11 | ratskeller-niebuell.de | €*

SHOPPEN

MARKT

Samstags gibt es auf dem *Rathausmarkt* Gemüse aus der Umgebung, Fisch, Geflügel, Wild, Lamm- und Ziegenfleisch und köstliche Waffeln.

Wer in Niebüll gleich auf den Autozug nach Sylt fährt, verpasst einiges

MARTENSEN – DAS SCHLEMMERKONTOR

Feines Delikatessengeschäft auch mit friesischen Köstlichkeiten, die sich gut als Mitbringsel eignen: Lammschinken, Schaf- und Ziegenkäse, Süßes, Hochprozentiges und Eingewecktes (z. B. Sauerfleisch). Mittendrin und vor der Tür Bistrotische, an denen Antipasti und mehr serviert werden. *Hauptstr. 42 | schlemmerkontor.de*

SPORT & SPASS

FREIBAD WEHLE 🐋

Naturbad in der sogenannten Wehle, einem 1593 durch einen Deichbruch entstandenen See. Mit DLRG-Aufsicht *(Juni–Aug. tgl. 14–18.30 Uhr)*, Umkleidekabinen, Duschen, Badesteg und Kiosk. *Deich-/Mühlenstr.*

AUSGEHEN & FEIERN

ECK'S KINO ☂

So kann Kino sein! Technisch supermodern, sonst aber gemütlich wie in den 70ern: drei Kinos mit Tischlämpchen und Bedienung und Bistrobar. *Hauptstr. 37a | Programmansage Tel. 04661 40 04 | filmtheater-niebuell.de*

RUND UM NIEBÜLL

1 RISUM-LINDHOLM

6 km südöstlich von Niebüll/10 Min. über die B 5

Die B 5 durchschneidet so manche Ortschaft. Da lohnt es sich durchaus,

In der Alten Apotheke grüßen „verpuppte" Soldaten der königlich-dänischen Garde

einfach mal anzuhalten und so ein Örtchen zu erkunden. Zum Beispiel die aus mehreren Ortsteilen bestehende Gemeinde Risum-Lindholm (3900 Ew.) mit etlichen gepflegten alten Reetdachhäusern, Bauernhöfen und eingewachsenen Gärten.

Ein weiterer Grund, hier haltzumachen, ist das Restaurant *Paparazzi* (Mo und außer So mittags geschl. | *Dorfstr. 219 | Tel. 04661 85 64 | eich horns.de | €€*) im modernen *Hotel Eichhorn*, das sich der italienischen Küche verschrieben hat. Aber auch vegetarische Bowls, Burger, nordfriesische Steaks und Lamm stehen hier auf der Karte. 🕮 D4

INSIDER-TIPP
Boxenstopp an der B 5

2 CAFÉ ZAUBERBUCHE
9 km südöstlich von Niebüll/15 Min. über die B 5

Im ehemaligen Pastorat tauchst du heute ein ins Reich der Torten – unter etwa 40 traumhaften Kreationen kannst du wählen. Wenn dir nicht nach Süßem ist, steht dir vielleicht der Sinn nach einem herzhaften Flammkuchen? *Do–Mo 14 –18 Uhr | Dorfstr. 36 | Stedesand | cafe-zauberbuche.de |* 🕮 D4

INSIDER-TIPP
Aber bitte ohne Sahne!

3 KZ-GEDENKSTÄTTE LADELUND
17 km nordöstlich von Niebüll/20 Min. über Tinningstedt

In der Nähe der dänischen Grenze befindet sich die ehemalige Außenstelle des Konzentrationslagers Neuengamme bei Hamburg. Im Winter 1944 starben hier 300 der etwa 2000 Häftlinge. Dokumentiert werden die Ereignisse in der Ausstellung „Konzentrationslager Ladelund 1944". *Gelände frei zugänglich, Ausstellung Di–Fr 10–16, Sa/So 14–16 Uhr | Eintritt frei | Raiffeisenstr. 3 (hinter der Kirche) | Audioguide fürs Handy im Dokumentenhaus | kz-gedenkstaette-ladelund.de |* ⏱ *1 Std. |* 🗺 *E3*

4 SÜDERLÜGUM

13 km nördlich von Niebüll/20 Min. über die B 5

Die Supermärkte Süderlügums sind für viele Dänen Einkaufsparadiese im kleinen Grenzverkehr. Seit Beginn des 19. Jhs. machten in Tetens Gasthof Viehhändler Geschäfte und eine Pause, wenn sie ihr Vieh auf dem Ochsenweg zum Markt nach Husum trieben. Heutzutage wird die Fahrt durch den Ort (2400 Ew.) manchmal zur Ochsentour – wenn sich Urlauberautos auf dem Weg nach bzw. von Dänemark, Lastwagen und Trecker durch die schmale Hauptstraße quetschen. Im original erhaltenen Ostflügel des heutigen *Hotels Tetens (Mo und mittags geschl. | Hauptstr. 24 | Tel. 04663 1 85 80 | im-tetens.de | €€)* isst du im gemütlichen *Restaurant Tetens* oder im rustikalen *Bistro Mathilde* Feines aus der regionalen Küche. 🗺 *D3*

5 TØNDER (TONDERN) ⭐

22 km nördlich von Niebüll/30 Min. über die B 5, 20 Min. mit dem Zug

Bis 1920 war Tondern (7500 Ew.) eine deutsche Kleinstadt und stand in den Jahrhunderten zuvor mal unter dänischer, mal unter deutscher Herrschaft. Dann beendete die Volksabstimmung den Streit um das Herzogtum Schleswig: Tondern wurde mit dem dänischen Königreich vereint. Wer mit dem Auto fährt, passiert die verwaisten Zollhäuschen an der dänischen Grenze, muss aber damit rechnen, dass trotzdem stichprobenartig kontrolliert wird. Die Züge der NEG und der dänischen Arriva zwischen Niebüll und Tønder verkehren bis zu elfmal am Tag *(Hin- und Rückfahrt ca. 17 Euro)*; auch hier gilt: unbedingt den Personalausweis dabeihaben!

Angekommen, wirst du denken: Ja, das ist Dänemark! Auf dem Markt die Hotdog-Bude, in den engen Gassen liebevoll gepflegte, bunte Häuser: beschaulich-gemütlich – auf Dänisch *hyggelig* – geht es in der Kleinstadt zu. Folgst du den Parkplatzhinweisen und Fußgängerströmen, erreichst du den *Torvet,* den Marktplatz, und die Fußgängerzonen *Storegade, Østergade* und *Vestergade:* Startschuss zum Shoppen und Schnabulieren. Mode, Möbel und Design (z. B. bei *Imerco* in der Vestergade 13) gibt es überall, die berühmt-berüchtigten roten *pølser* (Würstchen) in der Bude auf dem Torvet. Du kannst fast überall mit Euro bezahlen. Dänische Kronen lassen sich an Geldautomaten mit der EC-Karte ziehen, allerdings gegen hohe Gebühren.

Ein besonderes Haus ist die ☂ *Alte Apotheke (Mo–Fr 10–17.30, Sa/So 10–16 Uhr | Østergade 1 | det-gamle-apotek.dk).* Hier gibt es zwar keine Pillen mehr, doch dafür alles, was man nicht braucht, aber aus dem Urlaub gern mitbringt: Kerzen, Seife, Karten, Kunsthandwerk. Im Keller warten Weihnachtswichtel das ganze Jahr auf Liebhaber und auf ihre Zeit, die im Oktober beginnt – dann verwandelt sich *Det Gamle Apotek* in ein funkelndes Weihnachtshaus.

Ruhiger geht es rund um die und in der *Christuskirche (Mo–Sa 10–16 Uhr)* zwischen Nørre- und Storegade zu. Sie wurde 1592 geweiht; besonders sehenswert sind die 14 sorgfältig restaurierten, aufrecht stehenden, verzierten Grabplatten, sogenannte Epitaphien. Gleich südlich der Innenstadt findest du eine ruhige Oase ganz anderer Art: einen Skulpturengarten mit einer „schwebenden" Brücke und einer Holzpromenade entlang des Flüsschens Vidå.

INSIDER-TIPP Kunst im Grünen

Die Patrizierhäuser in den Fußgängerzonen mit den kunstvollen Portalen zeugen vom Wohlstand der Spitzenhändler im 18. Jh. Sie schufen die schleswigsche Klöppelindustrie. Noch heute wird dieses alte Handwerk gepflegt: Alle drei Jahre (das nächste Mal 2025) findet am ersten Juniwochenende ein internationales Klöppelfestival statt *(kniplings-festival.dk)*. Die bescheidenen Häuschen der Klöpplerinnen kannst du dir in der romantischen *Uldgade* anschauen, einer der schönsten Gassen der Stadt.

Alte Spitzen, Kacheln und Arbeiten der Silberschmiede aus der Zeit von 1750 bis 1825 sind im *Tønder Museum* ausgestellt. Zu den Museums-

gebäuden gehören auch das *Kunstmuseet i Tønder* und der alte *Wasserturm* von 1902. Im Kunstmuseum werden die verschiedenen Strömungen der nordeuropäischen Kunst des 20. und 21. Jhs. gezeigt, im Wasserturm Arbeiten des berühmten Möbeldesigners Hans J. Wegner. Von der obersten, rundum verglasten Etage des Turms hat man eine herrliche Aussicht. *Alle Museen: Nov.–März Di–So, April–Okt. tgl. 10–17 Uhr | Eintritt 95 Kronen | Wegners Plads 1 | msj.dk | ⊙ 1½ Std.*

Dänisches øl (Bier) vom Fass, kleine Speisen und das gemütliche dänische Lebensgefühl gibts in den Cafés und Restaurants um den Torvet herum. Ein paar Meter weiter liegt – schräg gegenüber dem alteingesessenen, beliebten *Cafébar-Restaurant Victoria (victoriatoender.dk)* – das stylishe Restaurant Steaken *(Mo/Di geschl. | Storegade 12 | Tel. 0045 28 15 62 70 | steaken.dk | €€€)*: Schau den Leuten beim Bummeln zu, während du z. B. einen Caesar's Salad, Jakobsmuscheln oder ein Ribeye-Steak verspeist – *det smager godt! romo-tonder.dk, toender.dk | ▥ D2–3*

6 MØGELTØNDER ★

28 km nördlich von Niebüll/40 Min. über Tondern

6 km westlich von Tønder liegt ein verträumtes Dorf mit einer der schönsten Dorfstraßen Dänemarks – reetgedeckte Backsteinhäuschen mit Rosenstöcken davor säumen die katzenkopfgepflasterte Straße. Møgeltønder ist auch ein Mekka der Dänen: Im *Schloss Schackenborg* aus dem 17. Jh. resi-

Møgeltønders Adresse für Romantiker und Genießer ist der Schackenborg Slotskro

dierte bis 2014 Prinz Joachim von Dänemark mit seiner Familie, dann wurde das Schloss einer Stiftung übergeben und verleiht nun Veranstaltungen einen würdigen Rahmen. Der Park und einige Räume des Schlosses können bei einer einstündigen Führung *(Buchung über die Website | 125 Kronen | Schackenborg 1 | schackenborg. dk)* besichtigt werden.

Wer den Besuch stilvoll-romantisch abrunden möchte, speist nebenan im „Herrschaftsstall", dem *Herskabsstalden (€€),* oder schlemmt im „Schlosskrug", dem *Slotskro (€€€). Tgl. | Slotsgaden 42 | Tel. 0045 74 73 83 83 | schackenborg.dk | D3*

7 NOLDE-MUSEUM ⭐

15 km nördlich von Niebüll/20 Min. über Aventofter Straße

Wie eine Trutzburg steht das Haus und ehemalige Atelier des Expressionisten Emil Nolde auf einer Warft. Ausgestellt sind hier insgesamt ca. 170 Werke: Ölbilder in den für Nolde typischen kräftigen, glühenden Farben, Aquarelle, Zeichnungen und Grafiken. Zu Füßen des Hauses liegt Ada und Emil Noldes Garten, der den Künstler immer wieder inspirierte: zur Blütezeit ein Farbenmeer!

Im Museumsgebäude findest du neben einem Shop, einem Veranstaltungssaal (regelmäßig Konzertabende) und einem Atelier für Malkurse das *Café Seebüll (Mitte März–Okt. tgl. 10–17 Uhr)*. Man sitzt hinter bodentiefen Fenstern und genießt einen Snack, ein Stück Kuchen oder einfach nur einen Kaffee oder ein Glas Wein. *Mitte März–Nov. tgl. 10–18 Uhr | Eintritt 8 Euro | Seebüll 31 | Neukirchen | noldestiftung.de |* ⏱ *2 Std. |* 🗺 *D3*

🔟 SYLT

35 Min. mit dem Zug bis Westerland
In Niebüll oder Klanxbüll musst du in den Zug steigen, wenn du auf „die Insel" willst. Fährst du mit dem Auto nach Niebüll und willst hier in den Zug umsteigen, folgst du nicht dem Schild „Sylt", sondern fährst Richtung Gewerbegebiet Süd zum Bahnhof; hier gibt es für Syltreisende gebührenpflichtige Parkplätze. In Niebüll halten alle Züge Richtung Westerland, viele Züge halten auch in *Klanxbüll*, der letzten Station auf dem Festland. Hier gibt es in Bahnhofsnähe genügend gebührenpflichtige Parkplätze. In den Sommermonaten und an Wochenenden sind die Züge *(Tagesrückfahrkarte ca. 18 Euro)* oft überfüllt.
Auf der Insel angekommen, führt der schnellste Weg zum Strand durch *Westerlands* Vergnügungs- und Shoppingmeile, die Friedrichstraße. Willst du dem Metropolentrubel entfliehen, dann steigst du am Bahnhof in einen der Busse Richtung *List* (Norden), *Hörnum* (Süden) oder *Keitum* (Osten). Abseits der Badeorte gibt es tatsächlich auch in der Hochsaison weniger besuchte Strände; auf einen Strandkorb musst du dann allerdings verzichten und an jedem Übergang die ortsübli-

che Gebühr für die Strandnutzung entrichten. Ausführliche Informationen findest du im MARCO POLO Reiseführer „Sylt". 🗺 *A–B 2–4*

DAGEBÜLL

🗺 *C4)* **Dagebüll (900 Ew.) wurde häufig als Parkplatz mit Fähranschluss verspottet. Doch das ist Vergangenheit: Der Ferienort „mit der Nordsee vor der Tür" hat sein Image erheblich aufpoliert. Zusätzlich zu den etwas in die Jahre gekommenen Hotels wurden in den letzten Jahren Feriendörfer hinter den Deich gestellt, großenteils aus bunten Holzhäusern im skandinavischen Stil, dazu kam ein Fünf-Sterne-Wohnmobil-und-Campingplatz.** Dagebüll besteht aus mehreren Ortsteilen, zwischen denen Busse verkehren: Etwa 3 km landeinwärts liegt das beschauliche Dagebüll-Kirche mit

„Seebüllchen" nannte Emil Nolde sein Gartenhaus liebevoll

kleinen Pensionen und der St.-Diony-sius-Kirche, etwas weiter südlich das lang gezogene Fahretoft, wo hübsche Friesenhäuser hinter dem Binnendeich stehen. Um ins touristische Zentrum Dagebülls zu kommen, folgst du im Kreisverkehr am Ortseingang nicht den Schildern zur Mole, sondern fährst in den Ort Dagebüll-Hafen. Hier findest du die Touristinfo und zwei Ladenzeilen mit Restaurants, Cafés, einer Eismanufaktur, einer Mandelbrennerei und – wichtig für die sturmfeste Frisur – „Watt'n Schnitt".

Wer nach Amrum oder Föhr übersetzt und sein Auto auf dem Festland lässt, stellt es auf einem Großparkplatz mit Garage, Bistro und Shop *(½–3 Std. 3 Euro, 3–7 Std. 4 Euro, 7–24 Std. 7,50 Euro, Garage 9,50 Euro | inselparkplatz. de)* außerhalb ab und wird mit einem Shuttlebus zum Anleger gebracht, wo im Reedereigebäude direkt an der Mole ein weiteres kleines Bistro dabei hilft, die Wartezeit auf die Fähre zu verkürzen.

ESSEN & TRINKEN

DER AUSTERNFISCHER

In diesem modernen Bistro mit großer Terrasse isst man Fisch: im Brötchen, vom Grill, in Senfsauce. Und Austern, Muscheln, Krabben. Es gibt aber auch was ohne Gräten oder Schale. *Tgl. | Nordseestr. 14 | Tel. 04667 9 51 32 66 | €€*

LOUISAS HEIMATKÜCHE

Smörrebröd, Smörrebröd! Die skandinavische Variante der Butterstulle schmeckt hier wirklich erstklassig. Und was gibts sonst noch? Traditionelle Gerichte und Snacks, zeitgemäß interpretiert und aus regionalen Produkten komponiert. Großzügige Terrasse. *Mo/Di und mittags geschl. | Nordseestr. 10 | Tel. 04667 2 77 99 35 | louisas-heimatkueche.de | €€*

SHOPPEN

Beiderseits der Nordseestraße gibt es eine ganze Reihe netter Läden mit Namen wie „Wohnen & Meer", „Zauberer", „Wettertüch" (Wetterzeug) oder „Tabakstuuv" (Tabakstube) und einem Sortiment, das sich jenseits vom üblichen Küstenkitsch und 08/15-Klamotten bewegt. Unbedingt reinschauen solltest du in den Hofladen des *Wattenhofs (halligfleisch.de)* von der Hallig Langeneß. Hier wird neben hausgemachten Plätzchen und allerlei anderen regionalen Lebensmitteln Fleisch von Welsh-Black-Rindern verkauft, die von Frühjahr bis Herbst auf den Halligweiden grasen. An der Nordmole des Fähranlegers verkauft der Amrumer Fischer Andreas Thaden regelmäßig Krabben und auch Frischfisch ⚑ direkt von seinem Kutter „Butjadingen" *(fischvomkutter.de).*

INSIDER-TIPP
Gutes von der Hallig

STRAND

Der Strand in Dagebüll ist grasgrün. 2018 wurde er am neuen Klimaschutzdeich angelegt mit Deichpromenade, bewachter Badestelle, bunten Badehäuschen, Strandkorbvermietung – und herrlichem Blick auf die Inseln. Die Badebuden kannst du auch tageweise mieten *(9–22 Uhr | 20 Euro).* Automaten nehmen die Gebühr *(Mitte April–Sept. | 2 Euro/Tag)* für die Strandnutzung entgegen, wobei das bloße Spazierengehen auf dem Deich nichts kostet – sieh mal an.

Beim Flanieren wirst du binnendeichs auf den hübschen, nur 15 m hohen Dagebüller Leuchtturm von 1929 stoßen, der in ein komfortables Minihotel für zwei Personen umgewandelt

wurde. An seinem Fuß verläuft das Gleis der Lorenbahn, die Güter und Feriengäste auf die einzige Warft der Hallig Oland transportiert.

RUND UM DAGEBÜLL

🟦 SÜDWESTHÖRN

11 km nördlich von Dagebüll/15 Min. über Marienkooger Str.

Deutschlands nördlichster Festlandhafen besteht aus nicht viel mehr als einem Steg und wird nur als Nothafen genutzt. Direkt daneben liegt eine 👁 Badestelle am Deich mit Grünstrand, Badeplattform und der Chance auf Abkühlung bei Flut. Strandkörbe, Duschen und eine Fischbrötchenbude gibts auch. Eine Kurabgabe ist nicht fällig, doch wird mittels Spendenbox um einen Beitrag zum Erhalt der Bade-Infrastruktur gebeten.

INSIDER-TIPP
Nix für Warmduscher

Im *Gasthof Südwesthörn (Di/Mi geschl. | Südwesthörner Str. 9 | Emmelsbüll-Horsbüll | Tel. 04665 983688 | gasthof-suedwesthoern.de | €€)* trifft Miesmuschel auf Maultasche: Auf der Karte stehen nämlich köstliche norddeutsche neben ein paar schwäbischen Spezialitäten. Wenn du Ruhe liebst und einen weiten Blick, dann bist du in dem Reetdachhaus hinterm Deich übrigens genau richtig, denn es gibt auch Gästezimmer. Außerdem Angelscheine für die Nordsee und fürs Siel hinterm Haus. 🗺 *C4*

🔟 DAT LUETTE

13 km südöstlich von Dagebüll/15 Min. über Schlüttsiel

Auf dem Weg nach/von Dagebüll wirst du dieses „Steak- & Burgerhus" im verschlafenen Dorf Ockholm entdecken. Außen heller Stein, innen helles Holz: Bistrocharakter. Das Fleisch für Carpaccio, Pulled Beef, Burger oder das einpfündige T-Bone-Steak kommt aus eigener, artgerechter Zucht. Nur für den ebenfalls köstlichen Gemüsebratling weigern sich Ochse & Co. noch, als Lieferanten tätig zu werden. *Mo und mittags geschl. | Bäderstr. 11 | Tel. 04674 9 62 38 28 | dat-luette.de | €–€€€ | 📖 D5*

1️⃣1️⃣ BORDELUM

20 km südöstlich von Dagebüll/ 25 Min. über Ockholm

Egal, wo in NF du urlaubst – wenn du mal nicht weißt, wohin am Abend: Handy raus, Tisch im *Norditeran (Laden und Bistro Di–So ab 12, Restaurant ab 17 Uhr | Dorfstr. 12 | Tel. 04671 9 43 67 33 | norditeran.com | Bistro € | Restaurant €€€)* reservieren, Bordelum ins Navi und nix wie hin! In diesem ausgezeichneten Restaurant genießt du dann z. B. karamellisierten Ziegenkäse mit Gemüsesalat, danach Salzwiesenlamm oder Seeteufel. <mark>Im Bistro (mit Wein- und Feinkostladen) gibt es neben Bistroklassikern den günstigen, täglich wechselnden Mittagstisch (auch zum Mitnehmen).</mark>

INSIDER-TIPP
Rundumversorgung à la Bordelum

Ansonsten hat das weitläufige Dorf einen Hofladen und einen Blumenhof mit Souvenirs & Co. zu bieten. Und

nur 1 km weiter, direkt an der B 5, kannst du dir ein paar Hundert Gramm der im Norditeran angegessenen Pfunde wieder abtrainieren, wenn du die Stufen zur Aussichtsplattform des 📡 *Fernmeldeturms* auf dem 43 m hohen *Stollberg* erklimmst – die Belohnung: ein herrlicher Blick aus dann 63 m Höhe über das weite Land. 📖 *D5*

1️⃣2️⃣ BREDSTEDT

25 km südöstlich von Dagebüll/30 Min. über Bordelum

Das Wichtigste an Bredstedt (5600 Ew.)

In Dagebüll sind bunte Badehäuschen die wetterfeste Alternative zum Strandkorb

Spritzig-skurril: der Schweinebrunnen auf dem Bredstedter Marktplatz

ist wohl nur Insidern und Interessierten bekannt: das *Nordfriisk Instituut.* Es kümmert sich um den Erhalt der nordfriesischen Sprache und Kultur. Im Ausstellungsgebäude ✪ *Nordfriisk Futuur (Mo–Fr 8.30–12.30, Do auch 13.30–16 Uhr | Eintritt frei, Spende erbeten | nordfriiskfutuur.eu | ⊙ 1 Std.)* kannst du eine Menge über die Geschichte der Leute und das Land erfahren, in dem du gerade Urlaub machst. Doch auch alle anderen sollten hier von der B 5 abbiegen, um sich auf dem verkehrsberuhigenden Kopfsteinpflaster in die Mitte des beschaulichen Orts vorzutasten: zum hübschen dreieckigen *Marktplatz* mit dem neugotischen Rathaus und seinem spitzen Türmchen. Weitere Hingucker: ein etwas skurriler Brunnen aus sieben übereinandergestapelten Metallschwei-

nen und die Alte Apotheke, vor der kleine Granitsäulen, an denen man einst die Pferde anband, daran erinnern, dass hier schon seit 1797 Pillen gedreht werden. Willst du länger bleiben und die Umgebung erkunden? Direkt am Marktplatz steht Frida's Hotel mit dem *Café Frida (Mi–So 9–12 und 14–18 Uhr | Markt 13 | Tel. 04671 7 18 99 59 | hotelcafefrida.de).* Im Erdgeschoss: 3000 Delfter und Nordfrieslandkacheln an den Wänden, holzgetäfelte Decke und ein lauschiger Innenhof. 🛏 *E5*

🔟 HAMBURGER HALLIG ⭐ 🏴

27 km südöstlich von Dagebüll/45 Min. über Schlüttsiel und Reußenköge
Ortskundige Wanderer geraten bei der Nennung der Hamburger Hallig ins Schwärmen: Die nicht allzu große Entfernung vom Festland (4 km) sei

genau die richtige Distanz für einen Fußmarsch über den Damm. Ein Ausflug auf die Hallig ist eine Expedition in die Welt der Vögel, denn hier piept so ziemlich alles, was gefiedert und im Watt zu Hause ist. Etwa 60-mal im Jahr heißt es auf der Hamburger Hallig „Land unter". Dann ist der Weg überflutet und gesperrt. Von Ostern bis Mitte Oktober ist der Damm zwar auch für Autos gegen eine Mautgebühr von 7 Euro befahrbar, jedoch sind Kraftfahrzeuge im Naturschutzgebiet nicht gern gesehen.

Der *Hallig Krog (April–Okt. tgl., Dez.–März s. Aushang am Übergang zur Hallig und auf Facebook | Tel. 04671 94 27 88 | hallig-krog.de | €€)* ist nicht nur das Ziel fußmüder Wanderer und erschöpfter Radfahrer, sondern auch eins für Gourmets aus der ganzen Region. Seit nämlich Erik Brack – bis 2015 Küchendirektor auf dem Traumschiff MS Deutschland – seine Kombüse auf die Hallig verlegt hat, gibts hier richtig gute, raffinierte regionale Küche wie z. B. die über Deichgräsern geräucherten Koteletts vom Halliglamm. Bei schönem Wetter schmecken Wattenmeersalat und Hallig-Schmaus auch auf der Terrasse vor dem Krog. ⊞ *D5–6*

14 FÖHR

50 Min. mit der Fähre bis Wyk

Sehnsucht nach Sandstrand? Kein Problem, die Fähre bringt dich in nicht mal einer Stunde nach Föhr; vom Fährhafen sind es nur wenige Schritte bis zum Strand und zur Promenade von *Wyk,* dem *Sandwall,* mit Cafés, Restaurants und Souvenirläden. Wer mehr von der Insel sehen möchte,

fährt mit dem Bus nach *Nieblum,* einem Friesendorf mit Alleen, reetgedeckten Häuschen und dem *Friesendom (St.-Johannis-Kirche)* aus dem 13. Jh. Auf dem Weg dorthin hält der Bus in *Alkersum,* wo sich das *Museum Kunst der Westküste (Juli–Okt. und 27. Dez.–Anf. Jan. Di–So 10–17, Mai/Juni und Nov.–23. Dez. 11–16 Uhr | Eintritt 10 Euro | mkdw.de | ⏱ 2 Std.)* zu Recht zum Besuchermagneten entwickelt hat. Die Sammlung von Werken skandinavischer, holländischer und deutscher Maler des 19.–21.Jhs. ist einzigartig. *Rückfahrkarte Dagebüll–Wyk ca. 15 Euro | faehre.de*

Die Überfahrt nach *Amrum* dauert ab Wyk noch mal 70 Minuten und lohnt sich für einen Tagesausflug nur, wenn du eine frühe Fähre nimmst. Detaillierte Informationen zu beiden Inseln findest du im MARCO POLO Band „Föhr & Amrum". ⊞ *B–C 4–5*

SCHÖNER SCHLAFEN IM NORDEN

SCHLAFEN AM HAFEN

Zum Abendessen an den beschaulichen Fährhafen Schlüttsiel, dort entspannt in die Federn steigen und am nächsten Morgen mit dem Schiff zum Halligbesuch! Möglich machts das Hotelrestaurant *Siel 59 (Schlüttsiel 1 | Ockholm | Tel. 04674 9 62 29 40 | siel59.de | €€)* mit elf modernen, komfortablen Zimmern und guter, leichter Küche im Restaurant *(Di/Mi und mittags geschl.).*

HUSUM & DIE HUSUMER BUCHT

Aus der Ferne ist die größte Stadt an der Westküste keine lockende Schönheit. Manchmal ist Theodor Storms „graue Stadt am Meer" tatsächlich grau – viel öfter aber bunt und stets geschäftig. Wer die B 5 verlässt, wird verzaubert werden von der historischen Altstadt mit kopfsteingepflasterten Gassen, dem Markt und den restaurierten Giebelhäusern aus dem 16. Jh. Dass die Stadt mit dem hübschen Renaissanceschloss zur Küstenmetropole wurde, ist einer Jahrhundertsturmflut zu verdanken: Die

Gar nicht grau: blaue Stunde im Husumer Binnenhafen

„große Mandränke" verschlang 1362 weite Teile der Küste und be-scherte Husenbro („Brücke bei den Häusern") so einen schiffbaren Zugang zur Nordsee – das Dorf wurde zum Umschlagplatz für See-fahrer und Küstenfischer. Die nächste große Sturmflut 1634 zerschlug die große Insel Strand: Pellworm, Nordstrand und Nordstrandisch-moor entstanden, die Husumer Bucht bildete sich. In ihrem Schutz lässt sich heute gut baden: Husums Badestelle liegt bei Simonsberg und im charmanten Vorort Schobüll campt man mit Meereszugang.

HUSUM & DIE HUSUMER BUCHT

N o r d s e e

Beltringharder Koog 6

7 Nordstrandischmoor

MARCO POLO HIGHLIGHTS

★ **NORDFRIESLAND-MUSEUM –
NISSENHAUS HUSUM**
Wissenswertes über das Leben der
Menschen am Meer ➤ S.58

★ **SCHIFFAHRTSMUSEUM
NORDFRIESLAND**
Ein Wrack aus dem 16. Jh., konserviert
mit Zuckerwasser ➤ S.59

★ **THEODOR-STORM-MUSEUM**
Im Poetenstübchen des Poppenspäler-
Dichters ➤ S.60

★ **KIRCHLEIN AM MEER**
Ein Kleinod norddeutscher Backstein-
gotik ➤ S.65

★ **SCHLOSS VOR HUSUM**
Barockschloss, Krokusblüte, Event-
location ➤ S.61

12 km, 1 Std. 10 Min.

Strucklahnungshörn

Nordstrand
S.66

8 Südfall

Heverstrom

2 km
1.24 mi

Breklum

Drelsdorf

Borsbüll

Struckum

Almdorf

5 Paulsen's

Bohmstedt

5

4 Arlauschleuse

Hattstedtermarsch **3**

Wobbenbüll

Hattstedt

Horstedt

Schäferei Baumbach

Kirchlein am Meer ★

2 Schobüll

7 km, 12 Min.

5

**Nordfriesland-Museum –
Nissenhaus Husum** ★

**Schloss vor
Husum** ★

Theodor-Storm-Museum ★

Husum
S. 58

24 km, 30 Min.

**Schiffahrtsmuseum
Nordfriesland** ★

1 Lundenbergsand

Simonsberg

5

Südermarsch

HUSUM

(▢ E6–7) **Der Binnenhafen mit Kuttern, Ewern, Traditionsseglern, Restaurants, Cafés und Fischbrötchenbuden ist in Husum (23 300 Ew.) eines der beliebtesten Ziele.**

Die Folge: Im Sommer und an Wochenenden geht hier oft kaum noch was. Oberhalb des Trubels liegt die heimelige, viel ruhigere Innenstadt, die zum großen Teil Fußgängerzone ist. Dein erster Weg sollte dich in die Touristinformation am Markt führen, denn dort bekommst du den ☎ Gratis-Faltplan „Kulturpfad der Stadt Husum", der dich mit diesem Gebäude – nämlich dem historischen Rathaus von 1601 – als erster Station zu 34 Sehenswürdigkeiten in der Innenstadt führt.

Wenn du durch Husum schlenderst, folgst du zwangsläufig auch den Spuren des berühmtesten Sohns der Stadt, Theodor Storm. Der Schriftsteller war es, der Husum als „du graue Stadt am Meer" beschrieb und sie so bekannt machte. Auch wenn die Häuser inzwischen bunt oder aus Backstein sind: Hängen die Wolken tief über der Stadt, dann kannst du die von Storm so eindringlich beschriebene graue Stimmung erleben.

SIGHTSEEING

MARKT

Hier und in der Großstraße zeugen die Fassaden aus dem 16. und 17. Jh. von der einstigen wirtschaftlichen Blüte Husums. An der Nordseite steht das alte *Rathaus,* erbaut 1601; das benachbarte *Herrenhaus (Markt 1 und 3)* ist eines der ältesten Häuser Husums: Der gotische Teil entstand 1386. Urkundlich erstmals 1520 erwähnt, wurden hier Münzen geprägt. Das Haus *Großstr. 21,* das heute die Schwan-Apotheke beherbergt, wurde 1656 errichtet. Sehr hübsch ist auch das *Wernersche Haus (Großstr. 18),* ein Treppengiebelhaus mit backsteinroter Fassade.

An der Westseite steht das den Markt beherrschende Gebäude: die hübsche, nicht allzu große klassizistische *Marienkirche* von 1833 mit einem sehenswerten bronzenen Taufbecken von 1643. Zu Füßen der Kirche plätschert das heimliche Wahrzeichen Husums, der *Tine-Brunnen* aus dem Jahr 1902, gekrönt von einer jungen Friesin aus Bronze, die aufs Meer schaut. Gegenüber der Marienkirche kam 1817 Theodor Storm zur Welt *(Markt 9).* Oft verändert, sind nur die vier Fenster im oberen Stockwerk und das Dach vom Geburtshaus des Dichters original erhalten geblieben.

NORDFRIESLAND-MUSEUM – NISSENHAUS HUSUM ★ 🚶 🚩

Im größten Museum Nordfrieslands erfährst du alles über Deichbau und Sturmfluten, über den Kampf gegen den „Blanken Hans", aber auch über Natur, Wohnkultur und Alltagsleben an der Küste. Zu verdanken ist dies Ludwig Nissen. Geboren 1855, wanderte er nach Amerika aus, wo er es vom Tellerwäscher bis zum wohlhabenden Diamantenhändler brachte. Er starb 1924 und vermachte sein Ver-

HUSUM

200 m
219 yd

Poppenspäler-Museum

Schloss vor Husum ★

Husums Brauhaus

Ostenfelder Bauernhaus

Weihnachtshaus

Jacqueline's Café

Markt

Stadtschlachter Claussen

Das Eucken

Alex Kitchen

Nordfriesisches Lammkontor

Dragseth´s Gasthof

Theodor-Storm-Museum ★

Schiffahrtsmuseum Nordfriesland ★

Speicher   Binnenhafen

Nordfriesland-Museum –
Nissenhaus Husum ★

Außenhafen

mögen seiner Geburtsstadt Husum. 16. Juni–15. Sept. tgl. 10–17, 16. Sept. –15. Juni Di–So 11–17 Uhr | Eintritt 5 Euro, Sammelticket mit Schloss und Ostenfelder Bauernhaus 10 Euro | Herzog-Adolf-Str. 25 | museumsverbundnordfriesland.de | ⏱ 1,5 Std.

SCHIFFAHRTSMUSEUM NORDFRIESLAND ★ ☂

Nordfriesische Schifffahrts- und Fischereigeschichte – zu sehen gibt es Schiffsmodelle der nordfriesischen Seefahrer. Attraktion ist das Uelvesbüller Wrack, der archäologische Fund eines sogenannten Frieslandschiffs, eines Frachtenseglers aus dem 16. Jh., konserviert mit Zuckerwasser! Interessant ist auch das Außengelände mit einigen Booten „in echt". Tgl. 10–17 Uhr | Eintritt 4 Euro, Außengelände und jeden 4. So im Monat frei | Am Zingel 15 | schiffahrtsmuseum-nf.de | ⏱ 2 Std.

HAFEN ⚑

Husum hat zwei Häfen: zum einen den Binnenhafen mit den alten Kaufmannshäusern, der Schiffswerft und der historischen Slipanlage. Im 16. Jh. schlugen hier vor allem Holländer ihre Waren um, heute liegt hier der 1907 gebaute Tonnenleger Hildegard aufgedockt. Schräg gegenüber ist das Restaurantschiff MS Nordertor (Mo–Mi geschl. | Tel. 04841 77 94 96 | ms-nordertor.de |€) vertäut. Im 👥 Nationalparkhaus (Mo–Sa 10–17, So 14–17 Uhr | Eintritt 1 Euro | Hafenstr. 3 | Tel. 04841 66 85 30 | nationalparkhaus-husum.de | ⏱ 1 Std.) erfährst du alles über den Nationalpark und kannst

Die Krokusblüte im Husumer Schlosspark: Hunderte Blüten pro Quadratmeter

Wattenmeervögel aus nächster Nähe betrachten – weil ausgestopft.

Jenseits der Eisenbahnzugbrücke beginnt der *Außenhafen*. Hier werden in großem Umfang Agrarprodukte verschifft, außerdem Krabben und Nordseefische angelandet. Im *Fischmarkt Husum (Rödemishallig 9 | krabben-und-fisch.de)* **bekommst du allerfrischestes Meeresgetier, vorwiegend aus Nordsee und Nordostatlantik.** Die Schiffswerft HDR hat sich auf die Reparatur und den Innenausbau von Schiffen spezialisiert.

INSIDER-TIPP
Krabben, Kabeljau & Co.

THEODOR-STORM-MUSEUM ★ ⚑⚑

Das Husumer Kaufmannshaus war von 1866 bis 1880 Storms Zuhause und die Möbel und Bilder, mit denen es eingerichtet ist, stammen aus dem Nachlass des Dichters. Im original erhaltenen „Poetenstübchen" hat Storm 20 Novellen (u.a. „Pole Poppenspäler") zu Papier gebracht. Und auch im kleinen Garten mit Rosenrondeel und Lindenlaube meint man, dem Dichter jederzeit begegnen zu können. *April–Okt. Di–Fr und So 14–17, Sa 11–17 Uhr | Eintritt 4 Euro | Wasserreihe 31 | storm-gesellschaft.de | ⏱ 1 Std.*

WEIHNACHTSHAUS 👥⚑

Hier weihnachtet es das ganze Jahr. Gezeigt wird eine Sammlung zum Thema Weihnachten vom Biedermeier bis heute. **Im Laden gibt es Weihnachtsbücher, ausgesuchten Christbaumschmuck**

INSIDER-TIPP
Ihr Kinderlein, kommet …

<mark>und alles, was sonst noch so zu einem gelungenen Fest gehört.</mark> Märkte und Veranstaltungen quer durchs Jahr ergänzen das Angebot. *Mitte März–Anf. Jan. tgl. 11–17, Mitte Feb.–Mitte März 14–17 Uhr | Eintritt 3 Euro, Kinder 6–14 J. 1 Euro | Westerende 46 | weihnachts haus.info*

OSTENFELDER BAUERNHAUS

Das Museum in dem niederdeutschen Hallenhaus aus der Zeit um 1600 wurde bereits 1899 gegründet. Diele, Döns (Wohnraum), Pesel (gute Stube), Herdstelle und Stall sind komplett eingerichtet und dokumentieren den bäuerlichen Alltag. *April–Okt. Di–So 14–17 Uhr | Eintritt 2,50 Euro | Nordhusumer Str. 13 | museumsver bund-nordfriesland.de | ⏱ 45 Min.*

SCHLOSS VOR HUSUM ★

Das im Stil der niederländischen Renaissance erbaute Schloss ist der einzig erhaltene Palast an der Westküs-te Schleswig-Holsteins. Der Gottorfer Herzog Adolf baute es sich 1577–82 als Nebenresidenz; nach seinem Tod wurde das Schloss zum Witwensitz seiner Gattin. 1752 zu einem Barockschloss renoviert, blieb vom Original nur wenig übrig. Nur die sechs reich verzierten Kamine aus dem 17. Jh. haben alle Umbauten überlebt. Die repräsentativen barocken Räumlichkeiten kannst du besichtigen. Regelmäßig finden Sonderausstellungen statt und im Rittersaal werden Konzerte veranstaltet. *März–Okt. Di–So, Nov.–Feb. Sa/So 11–17 Uhr | Eintritt 5 Euro | museumsverbund-nordfriesland.de | ⏱ 1 Std.*

Das kaum veränderte *Torhaus* von 1612 jenseits des Wassergrabens lässt erahnen, wie prächtig das Schloss einst gewesen sein muss. Im März locken Millionen Krokusse Tausende Touristen in den Schlosspark. Dann ist die Schlosswiese von einem satten Violett überzogen. Wer hier einst die

WIE BEI MUTTERN

„Mensch Hertha, dein Pflaumenkuchen is' mal wieder deeermaßen sabschig – ich könn' mich glatt reinsetzen!" Komplimente wie dieses an der sonntäglichen Kaffeetafel müssen ihn ausgelöst haben, den Boom der Landcafés: Plietsche Bäuerinnen sahen die Chance auf einen Nebenverdienst, wenn sie ihr hochgelobtes Backwerk einem breiteren Publikum zugänglich machten. Und so treffen sich auf den Bauernhöfen von Hertha und ihren Kolleginnen überall im Land Nachbarn, Freunde und Besucher bei Blechkuchen, Tortenstücken und dick belegten Broten zum Klönschnack. Empfehlenswerte Cafés gibts reichlich an der Küste – hier neben den Tipps im Buch noch vier weitere: in Husum das *Künstlercafé (kuenst lercafehusum.de),* in Dithmarschen das *Koog Café (koog-cafe.de)* in Wesselburenerkoog, in Nordfriesland das *Frühlings Café (fruehlings-cafe.de)* in Joldelund, in Poppenbüll auf Eiderstedt *De Kohstall (de-kohstall.de).*

ersten Blumenzwiebeln steckte, ist bis heute nicht bekannt.

POPPENSPÄLER-MUSEUM 👺
Pole Poppenspäler ist eine der bekanntesten Figuren Theodor Storms. Im Puppenspieler-Museum guckst du in die Augen von 500 Puppen und Marionetten: Zauberer, Wichtel, Hexen. Was man mit diesen alles auf die Bühne bringen kann, zeigt das zehntägige Internationale Figurentheater-Festival jedes Jahr im September. *März–Okt. Di–So, Nov.–Feb. Sa/So 11–17 Uhr | Eintritt 2 Euro, Kinder 6–17 J. 1 Euro | im Schloss vor Husum | pole-poppenspaeler.de | ⏱ 1 Std.*

ESSEN & TRINKEN

DAS EUCKEN
Husums feine Adresse. 1867 wurde das *Alte Gymnasium* als – wie der Name erahnen lässt – Schule gebaut, heute ist es ein gemütlich-gediegenes Hotel. Im Restaurant Eucken gibt es internationale Küche mit regionalem Einschlag, die du à la carte oder in einem fünfgängigen Menü genießen kannst. Zum Nachsitzen geht es dann in die Bar ... *Mo und mittags geschl. | im Gewölbe des Hotels Altes Gymnasium | Süderstr. 6 | Tel. 04841 83 30 | altes-gymnasium.de | €€€*

ALEX KITCHEN
Diese Küche ist leicht, frisch, überraschend. Schnelles aus dem Wok, Salate, Thaicurrys, selbst gemachte Pasta, Vegetarisches, Burger. *So geschl. | Rote Pforte 12 | Tel. 04841 9 39 64 99 | alex-kitchen.de | €*

DRAGSETH'S GASTHOF
In Husums ältestem Gasthaus – von 1584! – ist die Küche passend zum historischen Ambiente der ehemaligen Ausspannwirtschaft gutbürgerlich-norddeutsch. Der lauschige, kopfsteingepflasterte Innenhof wurde zum Biergarten. *Mo geschl. | Zingel 11 | Tel. 04841 77 99 95 | dragseths-gasthof.de | €€*

JACQUELINE'S CAFÉ
Frühstück, köstlicher Kuchen, kleine Gerichte, Suppen, Salate, Süßspeisen und im Winter Fliederbeersuppe mit Grießklößen – übrigens ein altes Hausmittel bei Erkältungen! Gemütliche Terrasse an der Gasse. *Mi und abends geschl. | Schlossgang 12 | Tel. 04841 55 53 | jacquelines-cafe.de | €*

INSIDER-TIPP
Aus Großmutters Küche

NORDFRIESISCHES LAMMKONTOR ⚑
Deichlamm, Salzwiesenlamm, Weiderind aus Eiderstedt – darum dreht sich hier (fast) alles. Sönke Magnus Müller hält die Biofahne hoch und ist folgerichtig Mitglied bei „Feinheimisch" und „Slowfood". Zum Kontor gehören außer dem Restaurant *Eiskeller* auch die *Deichbar* mit Blick auf die Husumer Bucht und ein verführerischer *Hofladen (tgl.)*. *Mo geschl. | Deichstr. 8 | Tel. 04841 4 04 28 01 | lammkontor. de | €€€*

SHOPPEN

Willst du in Husum einen Shoppingbummel machen, hast du's leicht:

Klassisch norddeutsch: Diese Küchenrichtung gibts im Dragseth's seit knapp 450 (!) Jahren

Markt, Großstraße und Hafenstraße sind Fußgängerzonen oder zumindest verkehrsberuhigt – ein Geschäft reiht sich hier ans nächste. Guck dich auch im unteren Teil der Straße *Neustadt* um, z. B. in der *Galerie Tobien (Nr. 8–10)*. Skandinavische Mode kaufst du bei *Kerits (Nr. 5),* Delikatessen und Accessoires beim *Alten August (Nr. 9),* köstlichen Kuchen im *Künstlercafé (Nr. 13),* einige der über 60 Lakritzsorten bei *Merlinum (Nr. 20)* und Outdoorequipment im *BW-Laden (Nr. 23–25);* oder du gehst einmal quer durch den Geschenkegarten bei *Frachtgold (Nr. 13).*

MARKT
Fisch, Fleisch, Obst, Gemüse, dies und das bieten regionale Produzenten jeden Donnerstag bis 13 Uhr und immer samstags bis 16 Uhr auf dem Marktplatz an.

STADTSCHLACHTER CLAUSSEN

INSIDER-TIPP
Wurst im Weckglas

Nordfriesische Köstlichkeiten wie Sauerfleisch und Pasteten in dekorativen Gläsern, Geräuchertes vom Lamm, Rind oder der Gans und Mettwürste gibts bei Husums Stadtschlachter. Alles wird auch nett verpackt. *Markt 20 | stadtschlachter.de*

SPORT & SPASS

STADTFÜHRUNGEN
Du kannst dich verschiedenen Führungen, auch in Husums Umgebung, anschließen, am häufigsten finden die *Nachtwächter-Rundgänge (April–22. Dez. Di 20 Uhr |* ⏱ *1½–2 Std. | 5 Euro)* und die Führungen zu *Geschichte und Gegenwart der Storm-Stadt (April–Nov. Mo–Sa 14.30 |* ⏱ *1½–2 Std. | 6 Euro)* statt. Treffpunkt und Infos: *Touristinformation | Großstr. 27*

In Schobüll steht die Kirche nicht im Dorf, sondern oben drüber

WATTWANDERN 🚩

Wattwanderungen zu den Halligen Nordstrandischmoor und Südfall sowie Watterkundungen auf dem Lundenbergsand veranstalten z. B. das Nationalparkhaus (s. S. 59) oder die Natur- und Landschaftsführerinnen Husumer Bucht *(husum-naturerleben. de)*. Auch andere naturkundliche Führungen werden angeboten.

STRÄNDE

BADESTELLEN

In die Nordsee steigen kannst du zentrumsnah am *Dockkoog* (u. a. Badesteg, Strandkörbe, Strandcafé) und an der familienfreundlichen Badestelle *Lundenbergsand* in Simonsberg. Den Gezeitenkalender gibts bei der Touristinformation – damit du auch wirklich nasse Füße kriegst.

AUSGEHEN & FEIERN

SPEICHER

Das Kulturzentrum der Stadt mit buntem Programm: Theateraufführungen, Ausstellungen, Konzerte. *Hafenstr. 17 | Tel. 04841 6 50 00 | speicher-husum.de*

HUSUMS BRAUHAUS

Gasthaus und Bierkneipe mit hausgebrautem Bier, das bei gutem Wetter auch im Strandkorb im „Strandbiergarten" schmeckt. Passendes Essen wie die eigens kreierte Bier-Currywurst, Spareribs, hausgemachte Spätzle und Burger sorgen für eine gute Grundlage. *Di–Sa ab 17 Uhr | Neustadt 60–68 | Tel. 04841 8 96 60 | husums-brauhaus.de | €€*

RUND UM HUSUM

① LUNDENBERGSAND

7 km südwestlich von Husum/30 Min. mit dem Rad über Finkhauschaussee
Ein Besuch des reetgedeckten Hotels in schöner Alleinlage lohnt sich aus vier Gründen: Das komfortable *Watt'n Spa (So–Fr mit tel. oder Online-Anmeldung)* dürfen auch Nicht-Hotelgäste nutzen, ebenso natürlich das Restaurant *(mittags geschl. | €€)* mit guten,

gesunden Gerichten. Die *Badestelle Lundenbergsand* liegt gleich hinterm Deich und der *Rote Haubarg* (s. S. 83) ist auch nicht weit weg. *Tel. 04841 8 39 30 | hotel-lundenbergsand.de | E7*

② SCHOBÜLL

5 km nordwestlich von Husum/20 Min. mit dem Rad über Nordseestraße

Über dieses Dorf, heute Luftkurort und ein Husumer Stadtteil, führt die Hauptzufahrt nach Nordstrand. Weil Schobüll auf dem Geestrücken liegt, braucht es – als einziger Ort an der Nordseeküste – keinen Deich. Wer hier wohnt, hat freien Blick aufs Meer, was auch die Gäste des *Freibads (husum-bad.de)* und des *Campingplatzes (camping-seeblick.de)* zu schätzen wissen. Zudem ist hier dank einer Seebrücke das Baden in der Nordsee auch bei Ebbe möglich.

Über dem Ort thront das knuffige ⭐ 🎷 *Kirchlein am Meer (kirchlein-am-meer.de)*, eine frühgotische Backsteinkirche aus dem 13. Jh. mit einer kostbaren Innenausstattung – beliebt als Hochzeitskirche und bekannt für Klassikkonzerte. *E6*

③ HATTSTEDTERMARSCH 🚩

11 km nordwestlich von Husum/ 15 Min. mit dem Auto über Schobüll

Hier bist du im „Schimmelreiterland". Theodor Storm, so nimmt man an, soll diese Landschaft für seine berühmte Novelle vor Augen gehabt haben. Wer in dieser Marsch Hauke Haiens Spuren und Storms Motive sucht, sollte sich den *Schimmelreiterkrug* ansehen, einen Hof aus dem Jahr 1870 und

ehemalige Gaststätte (heute ein Wohnhaus) gleich hinterm Deich. Wenn du in Wobbenbüll die Deichstraße nimmst, kommst du nach ca. 3 km direkt dorthin. 1934 wurde hier die Geschichte um Hauke Haien verfilmt. Der Turm der *Hattstedter Kirche*, errichtet Ende des 15. Jhs., war früher ein weithin sichtbares Seezeichen und ist auch heute bei der Fahrt auf der B 5 nicht zu übersehen. *E6*

④ ARLAUSCHLEUSE

13 km nordwestlich von Husum/ 20 Min. über Schobül

Nordwestlich von Husum mündet die Arlau in die Nordsee. Hinter Wobbenbüll schlängelt sich die Straße durch den Koog und führt dich zum Hotel *Arlau-Schleuse,* einem perfekter Startpunkt, um rund um den Beltringharder Koog zu radeln (s. S. 68) oder mit dem Kanu auf der Arlau zu paddeln. Danach gibts im Restaurant *Deichgraf (Mo/Di und mittags geschl. | Tel. 04846 6 99 00 | arlau-schleuse.de | €€)* hervorragende Jahreszeitenküche – im Frühling z. B. Lammkeule, im Herbst Wildschweinbraten. *D–E6*

⑤ PAULSEN'S

16 km nördlich von Husum/20 Min. über die B 5 und Almdorf

Mitten auf dem platten Land, im Dorf Bohmstedt, ist dieses hübsche, ruhige Landhotel und Restaurant zu finden: Helles Holz und Apfelgrün sind die vorherrschenden Farben im gemütlichen Restaurant, fein und regional geprägt ist die Speisekarte. *Außer So mittags geschl. | Norderende 8 | Tel. 04671 15 60 | paulsens-hotel.de | €€ | E6*

NORDSTRAND

(⬜ D6–7) **Mit der Inselherrlichkeit ist es auf Nordstrand (2250 Ew.) seit 1987 vorbei. In jenem Jahr nämlich wurde der letzte Deich am nördlich liegenden Beltringharder Koog fertiggestellt und die Insel, die schon zuvor über einen 4 km langen Autodamm erreichbar war, damit endgültig zur Halbinsel.**

Nordstrand war und ist ein Rest der einstigen Insel Strand, die von den schweren Sturmfluten 1362 und 1634 zerrissen wurde. Die Halbinsel ist auf drei Seiten von einem Seedeich umgeben und hat somit, bis auf künstlich aufgeschütteten Sand, grünen Strand. Nordstrand ist Bauernland und – seit 1991 – Seeheilbad. Hier die Ferien zu verbringen heißt Spazierengehen, Fahrradfahren, Wattwandern. Touristentrubel kennt Nordstrand nicht, auch wenn vom kleinen Hafen *Strucklahnungshörn* die Fähre nach Pellworm und Ausflugsdampfer u. a. zur Hallig Hooge und zu den Seehundbänken ablegen. Ausführliche Informationen findest du im MARCO POLO Reiseführer „Föhr & Amrum".

ESSEN & TRINKEN

AM HEVERSTROM

In dem Hotelrestaurant am Süderhafen genießt du – neben dem Anblick eines aufwendig geschnitzten Tresens und im Sommer dem Ausblick von der Terrasse – eine sehr gute regionale Küche: Probier nur mal die Scholle! *Di und mittags geschl. | Heverweg 14 | Tel. 04842 8000 | am-heverstrom.de | €€*

PHARISÄERHOF

1872 wurde hier, so wird behauptet, der erste Pharisäer getrunken. Den genießt du heute nach dem Essen im

Auf Nordstrand geht es sehr beschaulich zu, auch hier am Süderhafen

hellen Bistrorestaurant, z.B. zusammen mit dem sahnigen, selbst gemachten Eis *(muku-eis.de),* das du auch im angeschlossenen Hofladen und vielerorts in Nordfriesland kaufen kannst. *Café tgl. 11–18 Uhr, Restaurant und Lounge Mi–Mo 18–21 Uhr | Elisabeth-Sophien-Koog 3 | Tel. 04842 3 53 | pharisaerhof.de | €€*

INSIDER-TIPP
Banane schmeckt am besten

ZUR NORDSEE
Das Tollste am Ensemble aus Hotelrestaurant und Strandcafé *Halligblick* ist sicherlich die großzügige Terrasse an der Deichpromenade mit Blick über die Nordsee auf Pellworm und bei klarer Sicht auf Langeneß. Fischfans bestellen hier den kalt-warmen Kapitänsteller, andere z.B. die Lammfrikadelle mit Speckbohnen. *Mi geschl. | Norderhafen 2 | Tel. 04842 86 07 | zur-nordsee.de | €€*

SCHÄFEREI BAUMBACH
Der Hofladen liegt gleich links hinterm Deich, wenn man auf die Halbinsel kommt. Hier bekommst du alles vom Schaf – von Fleisch bis zur Seife. Frische Produkte, auch vom Gallowayrind, werden mitnahmetauglich verpackt. *Pohnshalligkoogstr. 1 | lamm fleisch.de*

NORDSTRANDER TÖPFEREI
Seit bald 30 Jahren dreht sich hier die Töpferscheibe und in den Öfen wird die friesische, blaugraue Glasur auf Schüsseln, Teller und Tassen gebrannt. Im selben Haus kannst du in der *Teestuv (Mo/Di und abends geschl.)* gleich mal ausprobieren, wie Suppe, Bratkartoffeln, Kaffee und Kuchen in bzw. auf diesem Geschirr schmecken. *Süden 44 | nordstrander-toepferei.de*

GALERIE LAT DI TIED
Die Galerie direkt neben der Töpferei zeigt und verkauft geschmackvolle Bilder, Bildbände, Schmuck, Wohnaccessoires, Tücher, Taschen – alles jenseits von jedem Küstenkitsch. *Süden 46*

INSIDER-TIPP
Lass dir Zeit!

SPORT & SPASS

WATTWANDERUNGEN
Naturkundliche Wattführungen *(1½–2½ Std. | 4–7 Euro)* starten z.B. am Holmer Siel. Fünfstündige Wanderungen zur Hallig Nordstrandischmoor inklusive Einkehr im Halligkrug organisiert u.a. Wattführerin *Regina Mat-*

thiesen (10 Euro | Tel. 04841 29 35 | wattwandererlebnis.de). Termine: Touristinfo Nordstrand | Am Kurhaus 27 | nordstrand.de

STRÄNDE

Schwimmen in der Nordsee, Spielen oder Faulenzen am Deich – das kostet auf Nordstrand in der Hauptsaison 2,20 Euro Kurabgabe. Badestellen gibt es am *Campingplatz Elisabeth-Sophien-Koog,* bei *Fuhlehörn,* am *Lüttmoorsiel* und am *Holmer Siel,* wo du auch windsurfen kannst.

RUND UM NORDSTRAND

6 BELTRINGHARDER KOOG

5 km vom Nationalparkhaus bis zum Bistro „Zum Strandkorb"/20 Min. mit dem Rad am Deich entlang

Der Beltringharder Koog ist das größte Naturschutzgebiet des schleswig-holsteinischen Festlands und verbindet dieses mit dem Norden Nordstrands. Er besteht aus mehreren Biotopen, in denen verschiedene Tiere (vor allem Vögel) und Pflanzen leben: der Salzwasserlagune, dem Feuchtgrünland und einer Wildniszone, in der auch das Arlau-Speicherbecken und der Holmer See liegen.

Am intensivsten erlebst du den Koog, wenn du ihn mit dem Fahrrad umrundest. Die Strecke zwischen dem Nordstrander Damm im Süden und dem Lüttmoordamm weiter nördlich beträgt etwa 30 km. Verpflegen kannst du dich im Bistro *Zum Strandkorb (Woche vor Ostern–Anf. Nov. Mi–So 12–18 Uhr | Tel. 04842 90 01 03 | zum-strandkorb-nordstrand.de)* am Holmer Siel, z. B. mit einem Burger oder krossen Bratkartoffeln. *D6*

7 NORDSTRANDISCHMOOR

1 Std. mit dem Ausflugsschiff ab Strucklahnungshörn

Die 180 ha große Hallig, auch Lüttmoor genannt, ist durch einen Schienendamm mit dem Festland verbunden. Die Loren sind aber kein öffentliches Verkehrsmittel, sondern Versorgungsfahrzeuge: Sie bringen den 22 Halligbewohnern alles Lebensnotwendige. Für Besucher werden in den Sommermonaten Schiffsausflüge und kombinierte Rad- und Wattwanderungen nach Nordstrandischmoor organisiert (Infos: *Touristinfo Nordstrand | Am Kurhaus 27 | nordstrand.de*).

Wer nicht laufen mag, fährt mit zwei PS durch Polder und Watt nach Südfall

Wer auf der Hallig urlauben will, kann auf zwei der vier Warften eine Ferienwohnung mieten. Sehenswert ist der *Halligfriedhof*. Hier liegen sämtliche Grabsteine flach in der Erde, damit sie von den Fluten nicht umgerissen werden – denn Nordstrandischmoor meldet etwa 50-mal im Jahr „Land unter". *hallig-nordstrandischmoor.de* | *D6*

8 SÜDFALL

7 km ab Fuhlehörn/2¼ Std. zu Fuß

Auf dieser nur 56 ha großen Hallig leben lediglich der Vogelwart Gonne Erichsen und seine Frau Gunda. Wer sie besucht, wird mit Würstchen und Kuchen verköstigt. Doch nach Südfall kommst du nur im Rahmen genehmigungspflichtiger Führungen, entweder mit Pferd und Wagen *(Mai–Okt. | 25 Euro | Tel. 04842 300 | wattenkutscher.de)* oder zu Fuß *(Mai–Okt. | 20 Euro | Tel. 04846 693507 | watt-wandern.de)*. Zu Fuß ist man knapp viereinhalb Stunden auf den Beinen, wer sich gemütlich von zwei Pferden kutschieren lässt, ist etwa zwei Stunden unterwegs. Jeweils eine bis anderthalb Stunden hat man Aufenthalt. *C7*

INSIDER-TIPP
Mit 2 PS durchs Wattenmeer

SCHÖNER SCHLAFEN AN DER HUSUMER BUCHT

FÜR HUND MIT MENSCH

Gleich neben dem *Pharisäerhof (Elisabeth-Sophien-Koog 3 | Tel. 04842 353 | pharisaeerhof.de | €€)* auf Nordstrand können vor allem Hunde mit ihren Menschen „Urlaub frei Schnauze" machen: in 28 hellen, freundlichen Zimmern, die Hälfte mit Terrasse, und Wellnessoase mit zwei Saunen und Fahrrad inklusive. Für die Rundumverpflegung sorgt die Restauration im Pharisäerhof.

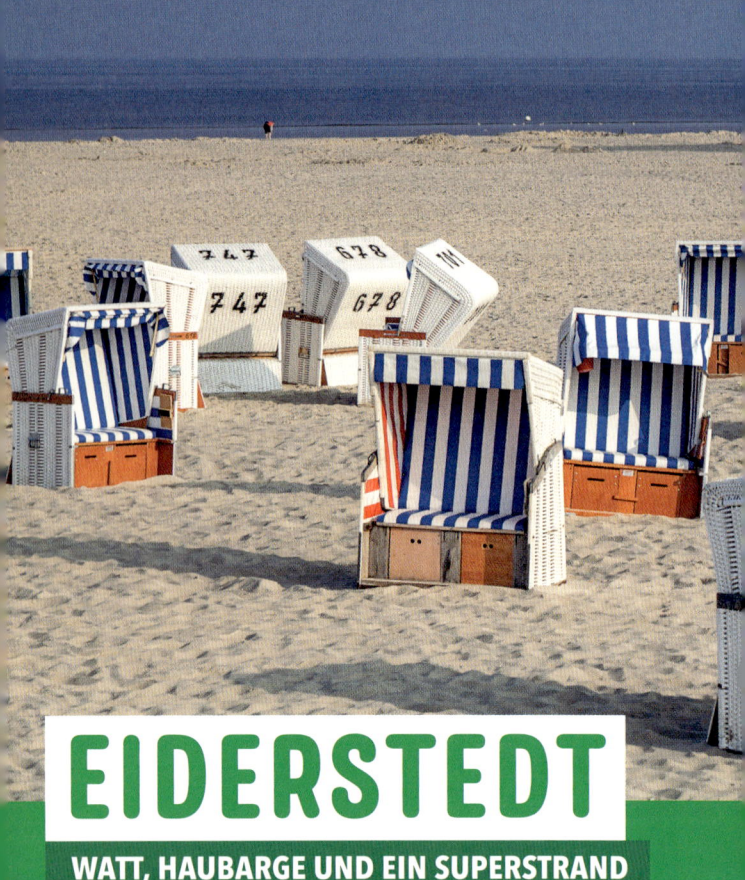

EIDERSTEDT

WATT, HAUBARGE UND EIN SUPERSTRAND

Ihre Nasenspitze lockt. Die „Nase" heißt Eiderstedt und bietet an ihrer westlichen Spitze 12 km allerfeinsten Sandstrand. Eilige Badegäste lassen daher Tönning rechts liegen und queren die Eider am Eidersperrwerk, um schnell zur Spitze zu kommen. Heute geht das, doch um das Jahr 1000 gab es Eiderstedt noch gar nicht; die Landschaft bestand aus vielen Inseln. Erst den Niederländern, die im 17. Jh. an die Westküste kamen, gelang es, die Wasserläufe zwischen der heutigen Halbinsel und dem Festland trockenzulegen.

Nirgendwo an der Küste ist der Strand so breit wie vor St. Peter-Ording

Wer es nicht eilig hat und die Hauptstraßen verlässt, bekommt eine Ahnung vom einstigen Reichtum der Bauern. Zeitzeugen sind 20 Kirchen mit kostbaren Kunstwerken und stattliche Bauernhäuser, die Haubarge. Sie erzählen von einer landwirtschaftlichen Blütezeit im 17. Jh. Auch heute noch züchten die Eiderstedter Bauern auf ihrer – übrigens beinahe windradfreien – Halbinsel Rinder und Schafe, ernten Raps und Weizen – doch das meiste Geld wird mit der Nasenspitze verdient.

EIDERSTEDT

Süden

Heverstrom

Westerhever

1 Leuchtturm Westerheversand ★

Poppenbüll

36 km, 35 Min.

3 Tetenbüll

5 km, 17 Min.

Katharinenheerd

202

2 Tating

202

Sandwehle

Garding
S. 77

Strand St. Peter-Ording ★

Welt

Schankwirtschaft
Wilhelm Andresen

6

St. Peter-Ording
S. 74

Vollerwiek

5

Katinger Watt ★

Eidersperrwerk **4**

H e l g o l ä n d e r
B u c h t

2 km
1.24 mi

Schwesing
Husum
Rosendahl
Mildstedt
Rantrum
Südermarsch

8 **Roter Haubarg** ★

Uelvesbüll
Witzwort
Koldenbüttel

Friedrichstadt ★
S. 83

Oldenswort
Hoyerswort 7
Sankt Annen

Kotzenbüll
Lehe
Lunden

Multimar Wattforum ★
Tönning
S. 79
Groven
17 km, 20 Min.

Hemme
Zennhusen

Strübbel
Schülp
Neuenkirchen

Norddeich
Wesselburen
Oesterwurth

MARCO POLO HIGHLIGHTS

★ **FRIEDRICHSTADT**
Wie in Holland: Grachten und
Giebelhäuser ➤ S. 83

★ **STRAND ST. PETER-ORDING**
Die größte Sandkiste an der Nordseeküste ➤ S. 74

★ **LEUCHTTURM WESTERHEVERSAND**
Oben sagen Paare ja ➤ S. 77

★ **MULTIMAR WATTFORUM**
An Land unter Wasser gucken ➤ S. 80

★ **ROTER HAUBARG**
Museum und Gaststätte unterm
riesigen Reetdach ➤ S. 83

★ **KATINGER WATT**
Ein Watt mit Wald und Wiese, Aussichts-
turm und Naturzentrum, Wildpferden
und Vögeln ➤ S. 82

ST. PETER-ORDING

(📖 C8) **St. Peter-Ording ist die Sandkiste schlechthin der Nordseeküste. ⭐ 🐾 🐵 12 km Strand, da ist genug Platz für die 400 000 Strandläufer, die es hier jährlich ans Wasser drängt.**

Und laufen musst du am Westzipfel Eiderstedts. Der Strand ist bis zu 2 km breit, der Weg zum Wasser weit. Im Ortsteil St. Peter-Bad z. B. pilgerst du erst mal über die 1058 m lange Seebrücke, bis du Sand unter die Füße bekommst. Da sind die Fahrradstege zum Böhler und Ordinger Strand eine echte Alternative. In Ording und Böhl ist es Gästekarteninhabern vom 15. März bis 31. Oktober zudem erlaubt, im Auto auf den Strand zu fahren *(Parkplakette 8 Euro/Tag).* Hast du ein Herz für die Umwelt, jedoch müde Füße, dann chauffiert dich der Ortsbus kostenlos an deinen Badeplatz. Außerdem locken ein großer Kiefernwald zum Wandern und eine schwefelhaltige Solequelle – St. Peter-Ording ist Nordseeheilbad.

Aus vier Ortsteilen ist St. Peter-Ording (4000 Ew.) zusammengewachsen: In *Dorf,* dem alten Ortskern, gibt es zig Restaurants und Boutiquen; mittendrin die Kirche *St. Petri* mit Eiderstedts ältestem Schnitzaltar (um 1480). In *St. Peter-Bad* befinden sich die Kurverwaltung und das Wellenbad mit Dünensauna und Therme. Sportlicher geht es in *Ording* zu: Dort treffen sich Surfer und Strandsegler, werden Mann und Frau am FKK-Strand nahtlos braun. In *Böhl* ist es eher beschaulich, hier steht auch St. Peters Leuchtturm und die Tiere im Westküstenpark warten auf Besucher.

SIGHTSEEING

MUSEUM DER LANDSCHAFT EIDERSTEDT

In dem friesischen Bauernhaus aus dem 18. Jh. gibt es alte Möbel, Haushalts- und Wertgegenstände zu sehen. *April–Okt. Di–So 10–17, Nov.–März 11–16 Uhr | Eintritt 5 Euro | Olsdorfer Str. 6 | museum-landschaft-eiderstedt. de | ⏱ 1 Std.*

WESTKÜSTENPARK & ROBBARIUM 🐵

Schafe, Ziegen, Esel, Kaninchen, Ponys und andere Tiere darf man hier streicheln und füttern. Im Robbarium zeigen Seehunde, was sie können. Es gibt naturnah gestaltete Landschaftselemente wie z. B. einen Knick mit ihren tierischen Bewohnern zu sehen, Vögel in teils begehbaren Volieren und eine Rehastation für verölte Seevögel. Zum Toben ist ein Naturspielplatz da. *April–Sept. tgl. 9.30–17 Uhr, Winteröffnungszeiten s. Website | Eintritt 12 Euro, Kinder 3–15 J. 8,50 Euro | Wohldweg 6 | westkuestenpark.de | ⏱ 2½ Std.*

PFAHLBAUTEN 🚩

Die 13 ab 1911 an fünf Stellen des Strands errichteten Pfahlbauten sind charakteristisch für St. Peter-Ording. Sie sind nur in der Saison (März/April–Okt.) geöffnet. Bis zu 8 m über dem

ST. PETER-ORDING

Esszimmer
Die Insel
Im Bad
Alter Badweg
Eiderstedter Straße
Westmarken
Neuweg
Medemweg
Pfahlbauten
Im Bad
Fasanenweg
Badallee
Drachenkiste
Bövergeest
Museum der Landschaft Eiderstedt
Tendenz
Heedweg
Westküstenpark & Robbarium
Strand St. Peter-Ording ★
Zum Südstrand
Dorfstraße
Wittendüner Allee
Wohldweg
Zum Südstrand
Ostlandstraße
Heideweg
Böhler Landstraße
Pestalozzistraße
Strandhütte
500 m
547 yd
Salt & Silver am Meer

Sand bzw. Wasser liegen Restaurants, Sanitäranlagen und Strandaufsichten. Wer trockenen Fußes zurück aufs Festland will, schaut vorher in den Gezeitenkalender. 2018–23 wurden und werden einige der Pfahlbauten aufgrund immer höherer Wasserstände bis zu 230 m zurückversetzt.

ESSEN & TRINKEN

SALT & SILVER AM MEER

Nordseefisch vom Holzkohlengrill und ausgesuchte Produkte von Bauern um die Ecke: Die Gerichte von Simon Lindow, Küchenchef im Hamburger Kultlokal Salt & Silver, sind spicy und frisch, dazu gibts spannende Weine. Die Wanderung zu diesem Pfahlbau lohnt sich! *Mi geschl. | Am Böhler Strand | kein Tel. | saltandsilver.de | €€*

STRANDHÜTTE

Nicht nur Seeteufel oder Ochsenbacke, auch die kleinen Speisen von Axel Kirchner haben Stil, das muss man sagen. So z. B. die Katinger Kartoffelwaffel mit hausgebeiztem Lachs und Schmand oder Fish 'n' Chips mit Thaicurry-Mayonnaise. *Mo/Di und ab 19.30 Uhr geschl. | Zum Südstrand | Tel. 04863 4 74 70 11 | die-strandhuette.de | €€*

DIE INSEL

Auf der Terrasse sitzt du quasi in der ersten Reihe. In einem Strandkorb studierst du die reichhaltige Karte: vom Flammkuchen bis zur Friesenwaffel, von der Gurkensuppe bis zum Glückstädter Matjes. Dann musst du dich entscheiden. *Tgl. | Im Bad 27 | Tel. 04863 95 05 40 | restaurant-die-insel. de | €€*

ESSZIMMER

Das Restaurant im Hotel Zweite Heimat setzt ganz auf Regionalität – die Karte verrät, woher die Zutaten kommen, die die Küche zu schnörkellosen Gerichten verarbeitet: der Kabeljau aus der Nordsee, das Rumpsteak von den Eiderstedter Wiesen. *Mo/Di geschl. | Am Deich 41 | Tel. 04863 47 48 91 12 | hotel-zweiteheimat.de | €€€*

SHOPPEN

DRACHENKISTE

Drachen in allen Größen, Farben und Formen – nicht nur zum alljährlichen Drachenfest der Laden für alle Himmelsstürmer. Dazu Ersatzteile, Reparaturservice, Strandspielzeug für Groß und Klein, bunte Deko für drinnen und draußen. *Badallee 5 | drachenkiste-spo.de*

TENDENZ

Schnickschnack – aber durchaus mit Geschmack. Döschen und Decken, Seifen und Servietten, Geschirr und Gedöns vorwiegend im skandinavischen und englischen Landhausstil. *Dorfstr. 9*

STRÄNDE

An der Badestelle *Ording* (erreichbar mit Rad, zu Fuß, per Bus und Auto) finden alle Events und Großveranstaltun-

Beliebtes Ziel für eine Deich-Radtour: der Leuchtturm Westerheversand

gen statt und hier haben sämtliche Wassersportler ihr Revier. Ganz im Norden findet sich auch ein FKK-Abschnitt. An der nur zu Fuß über die Seebrücke erreichbaren Badestelle *Bad* befindet sich das Hunde-Auslaufgebiet und es gibt täglich 🏴 Gymnastik und weitere Gratis-Action zum Mitmachen. An der immer stärker verlandenden Badestelle *Süd/Dorf* kannst du nur bei Hochwasser baden; hier hält der Ortsbus direkt am Strand und ab hier kannst du am Strand bis nach Böhl reiten. Die Badestelle *Böhl* ist St. Peter-Ordings Familienstrand: Hier ist das Wasser flach, bei Niedrigwasser kann man im Watt spazieren, bei Hochwasser baden und der Ortsbus hält direkt am Strand.

Das vielfältige Sportangebot entspricht der Vielseitigkeit der Strände: Es reicht von Beachsoccer und Beachvolleyball über Surfen, Kitesurfen und Stand-up-Paddling bis zum Strandsegeln. Auskunft bei der *Tourismus-Zentrale (Maleens Knoll 2 | Tel. 04863 99 90 | st.peter-ording.de)*.

WELLNESS

DÜNEN-THERME

Erlebnisbad mit allerlei Wasserspielen, darunter eine Turborutsche, die 8 m freien (Wasser-)Fall garantiert. Wer in der Sauna schwitzt, hat Blick aufs Meer, dazu gibt es einen Wellnessbereich und ein Restaurant. *April–Okt. tgl. 10–22, Nov.–März Mo–Fr 14–22, Sa/So 10–22 Uhr | 2½ Std. 9,50 Euro, Tageskarte 13,50 Euro, mit Sauna 16/20 Euro zzgl. Kurabgabe | Maleens Knoll 2 | duenen-therme.de*

RUND UM ST. PETER-ORDING

🟥 LEUCHTTURM WESTERHEVERSAND ⭐ 🏴
18 km nördlich von St. Peter-Bad/ 30 Min. über Tümlauer Koog
Das Wahrzeichen der Westküste schlechthin, bekannt durch Film, Funk und Fernsehen. Der rot-weiße Turm mit den beiden Wärterhäuschen ist inklusive der Warft, auf der er steht, 41,5 m hoch. Er wurde 1906–08 auf einem Fundament aus 127 Eichenstämmen errichtet, um ein Absacken zu verhindern. Der Turm *(Führungen Ostern–Okt. Mo, Mi, Sa 10, 11, 13, 14, 15, 16 Uhr | Eintritt 6 Euro | Tel. 04865 12 06 | westerhever-nordsee.de)* kann nur nach telefonischer Anmeldung und 2½ km Fußweg ab dem *Info-Hus (Ahndelweg 4)* besichtigt werden. Aber dann der Ausblick: gigantisch! Für Paare, die hier oben einander Ja sagen möchten, führen 157 Stufen in den Ehehimmel. *C8*

GARDING

(D8) **In Garding (2800 Ew.) führen alle Wege zum Marktplatz. Auf dem bauen seit fast 450 Jahren jeden Dienstag Händler ihre Stände auf.**
Im Zentrum des Treibens, auf dem höchsten Punkt der Stadt, steht die

Kräutrig-cremig bis würzig-pikant:
Käse vom Hof Volquardsen in Tetenbüll

Kirche St. Christian. Ihr massiver Turm wirkt, als wolle er die kleinen Häuser drum herum behüten. Das *Alte Rathaus (Enge Str. 5 | kunstkultur-nf.de)* ist heute ein Kulturzentrum mit sehenswerten Kunstausstellungen.

SIGHTSEEING

THEODOR-MOMMSEN-GEDÄCHTNIS 🐑

Das älteste Haus der Stadt, das Alte Diakonat am Kirchplatz, ist das Geburtshaus des Rechtswissenschaftlers und Historikers Theodor Mommsen (1817–1903). 1902 wurde Mommsen als erster Deutscher für seine Schriften zur römischen Geschichte mit dem Nobelpreis für Literatur ausgezeichnet. Im modernen Anbau ist eine klei-

ne Gedenkausstellung eingerichtet. *Schlüssel nach Anmeldung im Kirchenbüro (Am Markt 4 | Tel. 04862 17267) | Eintritt frei | Am Markt 5 |* ⏱ *30 Min.*

ESSEN & TRINKEN

KERLINS KUPFERPFANNE

Ungewöhnlich, aber köstlich: 15 verschiedene schweizerische Röstigerichte, aber auch hervorragende saisonale Fleisch- und Fischgerichte. *Mi geschl. | Fischerstr. 1 | Tel. 04862 256 | kerlinskupferpfanne.de | €€*

SHOPPEN

LANDLADEN KÜHL

INSIDER-TIPP
Landeier für Großstädter

In einem reetgedeckten ehemaligen Stallgebäude kannst du alles das kaufen, was Eiderstedter Landwirte so produzieren, vieles davon in Bioqualität: Butter und Eier, Wurst und Käse, Lammfleisch und Lammfelle, Obst und Gemüse, bunte Gartenstauden und Gartendeko. *Mai–Sept. | Hülkenbüll 2 (Kirchspiel Garding) | landladen-kuehl.de*

RUND UM GARDING

2 TATING

6 km westlich von Garding/10 Min. über die B 202

Das Örtchen (1000 Ew.) besitzt neben St. Magnus, der ältesten Kirche Eiderstedts (ab 1103), und einigen netten Lädchen zum Stöbern auch den großen *Hochdorfer Garten (hochdorfergarten.de)*, der um 1760 nach den Prinzipien der französischen Gartenbauarchitektur angelegt wurde. Nach dem Spaziergang durch den denkmalgeschützten Park schaust du im Café *Schweizer Haus (Mo geschl. | Düsternbrook 10 | Tel. Tel. 04862 2 01 96 81 | schweizerhaus-tating.de | €)* vorbei, denn der Kuchen, aber auch die Burger und Salate dort sind ganz ausgezeichnet. *C8*

INSIDER-TIPP
Lustwandeln im Barockgarten

3 TETENBÜLL
5 km nordöstlich von Garding/10 Min. über Katharinenheerd

Das Bilderbuchdorf liegt inmitten von grünem Land mit Schafen und Haubargen drum herum. Die Kirche *St. Anna,* der *Kirchspielkrug (Karkenstraat 1 | Tel. 04862 80 96 | Facebook | €–€€)* als echter Landgasthof, das *Café im Theatrium (April–Okt. tgl., Nov.–März Mi–So 14–18 Uhr | Karkenstraat 13 | cafe-theatrium.tetenbuell.com),* die überregional bekannte *Friesische Schafskäserei (Kirchdeich 8 | friesische-schafskaeserei.de)* und viele Galerien machen aus dem Dorf so etwas wie einen Sehnsuchtsort. Im 🎯 🐑 *Haus Peters (Jan./Feb. Fr–So 13–17, März–Mai Di–So 14–18, Juni–Sept. 11–18, Okt.–Dez. 13–17 Uhr | Eintritt frei | Dörpstraat 16 | hauspeters.info)* fühlst du dich in die gute alte Zeit versetzt. Der ehemalige Kaufmannsladen aus dem Jahr 1820 ist die älteste erhaltene dörfliche „Hökerei" Schleswig-Hol-

INSIDER-TIPP
Darf's auch etwas Kunst sein?

steins. Zu sehen gibt es auch einen Raum mit Radierungen von Horst Janssen, Wechselausstellungen zu Kunst und Regionalgeschichte und einen Bauerngarten. Kaufen geht auch: Kunsthandwerk, Bücher, Marmelade … *D8*

TÖNNING

(E8) **Willst du das alte Tönning entdecken, dann fahr zum Hafen, der 2023 seinen 410. Geburtstag feiert. Er ist der schönste an der Nordseeküste: Auch heute noch zeugen die gut erhaltenen Gebäude auf dem Hafendeich – Wohnhäuser, Restaurants – von einstiger wirtschaftlicher Blüte.**

Tönnings Lage an der Eidermündung sorgte für Wohlstand. Getreide, Käse und Wolle wurden hier im 17. und 18. Jh. umgeschlagen, Vieh nach England verschifft. Ende des 19. Jhs. fiel die Hafenstadt, nicht zuletzt durch den Bau des Nord-Ostsee-Kanals, in einen Dornröschenschlaf – jedoch ohne Schloss: Das war im Zuge der dänischen Belagerung im 18. Jh. abgerissen worden; geblieben ist der Park. Wach geküsst vom Tourismus, ist Tönning (5000 Ew.) heute ein beliebter Urlaubsort.

SIGHTSEEING

MARKTPLATZ
Rund um den Sandsteinbrunnen von 1613 erzählen noch einige Giebelhäu-

ser vom einstigen Reichtum. Im Norden des Platzes ragt der 62 m hohe, 1706 errichtete Barockturm der *St.-Laurentius-Kirche* empor. Im Inneren ist vor allem das barocke Deckengemälde von 1704 sehenswert.

PACKHAUS 🏛 🍴

Auf der großen Fläche des imposanten dreistöckigen Gebäudes von 1783 wurden Rinder und Schafe zusammengetrieben, bevor sie verschifft wurden. Waren aus dem ganzen Land wurden hier auf die Reise geschickt. Heute wird eine *Ausstellung (Mai–Sept. Mi–So 14.30–17.30 Uhr | Eintritt frei)* zur Stadtgeschichte gezeigt. Außerdem finden ganzjährig Veranstaltungen statt – vom Krabbenpulkurs übers Mondscheinkino bis zum kultverdächtigen Ostereiermarkt und dem „Weihnachtsereignis": Dann

INSIDER-TIPP
Events im Multipack

wird das Packhaus, festlich illuminiert, zum vom Guinnessbuch zertifizierten längsten Adventskalender der Welt. *Am Eiderdeich/Hafen | packhaus-toenning.de*

MULTIMAR WATTFORUM ⭐ 🐒 🍴

Das Wattforum ist einzigartig an der Nordseeküste: 36 m^2 misst die Panoramascheibe des größten der 37 Aquarien – in 250 000 l Meerwasser ziehen u. a. Störe, Seelachse und Nagelrochen ihre Bahnen. Im zweistöckigen Turmbecken leben z. B. Seewölfe und Dorsche. Letztere kannst du vom Restaurant (mit großer Terrasse) in der zweiten Etage beobachten. Star im Wattforum ist ein 1996 vor der Insel Rømø gestrandeter Pottwal. Im Walhaus hängt der 17,5 m lange Koloss an Stahlseilen unter der Decke, in Gesellschaft von drei Schweinswalen und einem Zwergwal. Ab 2023 wird

Die Gelegenheit zum Seestern-Streicheln hast du nicht alle Tage: Multimar Wattforum

ein großzügiges Freigehege für Fischotter die neue Attraktion. *April–Okt. tgl. 9–18, Nov.–März 10–17 Uhr | Eintritt 9 Euro, Kinder 4–15 J. 6 Euro | Am Robbenberg | multimar-wattforum.de | ⏱ 3 Std.*

ESSEN & TRINKEN

GODEWIND
Sehr gemütliches Restaurant mit Wintergarten und Terrasse in einem denkmalgeschützten Gebäude am Hafen. Auf der Speisekarte gibt Fisch den Ton an. *Tgl. | Am Hafen 23 | Tel. 04861 66 00 | hotel-godewind.info | €€*

WEINGARTEN
Urige Atmosphäre und eine umfangreiche Karte. Vor die Qual der Wahl stellen dich vor allem die phantasievollen Pasta- und Rumpsteakvariationen. *Mo–Mi und mittags geschl. | Herrengraben 8 | Tel. 04861 10 03 | weingartenamschlosspark.de | €€*

BE NATURAL
Das Restaurant im gleichnamigen Biohotel setzt ganz auf regionale (Bio-)Produkte. Neben Rinderrücken oder Lammbraten gibts auch viel Vegetarisches, oft als Bowl serviert. Von 15 bis 16.30 Uhr ist Kaffeezeit. *Mittags geschl. | Strandweg 3 | Tel. 04861 61 70 50 | be-bio-hotels.de | €€*

SHOPPEN

ALTE FISCHEREIGENOSSENSCHAFT
Frischer als hier, direkt am Hafen, kaufst du Krabben, Fischbrötchen, Räucherfisch und Salate nirgendwo.

Oder du schaust auf die Imbisskarte und verspeist Schollenfilet, Muscheln und Matjes gleich vor Ort. *Am Eiderdeich 12*

EMMA
Klein, aber oho ist dieser Laden, der skandinavische Wohnaccessoires an den Mann bzw. die Frau bringt. Zeit zum Stöbern solltest du auf alle Fälle mitbringen. *Mo geschl. | Neustadt 50 | emma-skandinavien.de*

RUND UM TÖNNING

4 EIDERSPERRWERK
10 km südwestlich von Tönning/15 Min. über die Badallee und entlang der Eider
Für Urlauber ist das Eidersperrwerk vor allem eine Abkürzung auf dem Weg nach St. Peter-Ording. Wer nicht über Tönning fahren möchte, wählt ab Heide den Weg Richtung Wesselburen über den 4,8 km langen *Eiderdamm* und durch den 263 m langen Tunnel des Sperrwerks – ohne zu ahnen, was sich rund um den Tunnel tut. Sind unter der Autoröhre die fünf Schotten von je 40 m Breite dicht, wird die Nordsee bei einer Sturmflut ausgesperrt. Das Hochwasser bleibt draußen; Eider und Treene behalten trotz Flut ihre normalen Pegel. Setzt die nächste Ebbe ein, werden die Schotten geöffnet und das (Regen-)Wasser aus dem Binnenland kann über Treene und Eider in die Nordsee fließen. Vor dem Bau des Eiderdamms mit dem Sperrwerk

(1967–73) wurde die Mündung des Flusses regelmäßig überflutet und die ins Land drängenden Wassermassen stauten Eider und Treene. Damit ist seit 1973 Schluss. Seit die Nordsee ausgesperrt ist, verwandelte sich die Nordhälfte der Eidermündung in einen Koog, das Katinger Watt, die Südhälfte wurde ebenfalls zum Naturschutzgebiet, dem *Dithmarscher Eiderwatt. short. travel/nsh11* | 🗺 *D8-9*

5 KATINGER WATT ⭐

10 km südwestlich von Tönning/15 Min. über die Katinger Landstraße
Dieses Watt ist etwas ganz Besonderes: ein Mosaik aus Laubwald und Schilfflächen, aus Überschwemmungswiesen, Tümpeln und Teichen, das man zu Fuß, mit Rad oder Pferd erkunden kann. Nach dem Bau des Eidersperrwerks fielen etwa 1500 ha Mündungswatt der Eider trocken; 1976 wurden die ersten Bäume gepflanzt. Dieses ungewöhnliche Nebeneinander von Wiese, Wald und Watt lockt viele Vogelarten an. Der Schafsberg, ein künstlicher Hügel mitten im Watt, war im Fall eines extremen Hochwassers Rückzugsgebiet für die Schafe. Heute, nach der Trockenlegung, steht dort ein 13 m hoher Aussichtsturm, von dem man mit Fernglas ausgerüstet z. B. brütende Kiebitze, sich mausernde Krickenten, rastende Goldregenpfeifer und jagende Seeadler beobachten kann. Das 👁 *Naturzentrum Katinger Watt (April–Okt. tgl. 11–17 Uhr | Eintritt 1,50 Euro, Kinder 1 Euro, Führung ab 3 Euro | Katingsiel 14 | Tel. 04862 8004 | nabu-katinger-watt.de)* bietet Watterkundungen, vogelkund-

liche Führungen, Fahrradtouren und Kindernachmittage an. 🗺 *D8*

6 SCHANKWIRTSCHAFT WILHELM ANDRESEN

10 km südwestlich von Tönning/15 Min. über die Katinger Landstraße
350 Jahre alt ist der Gasthof in Katingsiel hinterm Deich. Nimm Platz an einem der Tische in der gemütlichen, denkmalgeschützten Kachelstube oder im Garten und freu dich auf Kuchen, Waffeln und Eis. Berühmt sind die belegten Brote in neun Varianten, berüchtigt der Eiergrog – beide wegen ihrer Reichhaltigkeit. *Häufig wechselnde Zeiten s. Website, meist Di-So 14–18 Uhr | Katingsiel 4 | Tel. 04862 3 70 | schankwirtschaft-andresen.de | €* | 🗺 *D8*

INSIDER-TIPP
Eier mit Schwips

7 HOYERSWORT 🐄

7 km nördlich von Tönning/10 Min. über Kotzenbüll
Das Herrenhaus Hoyerswort, ein zweiflügeliger Renaissancebau aus dem späten 16. Jh., war einst der einzige Adelssitz auf der Halbinsel Eiderstedt. Heute beherbergt das „Schloss", wie die Einheimischen sagen, ein kleines Museum, eine Keramikwerkstatt und ein Café. In der *Brasserie (So-Di und mittags geschl. | Tel. 04864 2 03 98 39 | €€)* im stattlichen Haubarg von 1704 unmittelbar neben dem Herrenhaus genießt man auf französische Art mit Fischsuppe, *steak frites* und Profiteroles. *Café und Vorhalle Mi-Mo 11–18, Hausführung Mi 15 Uhr | 3 Euro* |

INSIDER-TIPP
Crème brûlée statt Friesentorte

Schon wegen des Interieurs eine Einkehr wert: die Schankwirtschaft Wilhelm Andresen

Kotzenbüller Chaussee 2 | Tel. 04864 2 03 98 38 | hoyerswort.de | ⊞ D–E8

8 ROTER HAUBARG ★ ⚑ ⛺

15 km nördlich von Tönning/20 Min. über die B 202 und Witzwort

Nördlich von Witzwort kannst du ihn schon von Weitem sehen: den schönsten und stattlichsten Haubarg Eiderstedts, einen mächtigen Hof mit einer riesigen Reethaube, versteckt hinter dem Wind trotzenden Bäumen. Rot war der Haubarg im 17. Jh., als die Backsteinmauern noch unverputzt waren. Inzwischen sind die Außenwände weiß getüncht. Wie einst die Besucher des Bauern musst du durch die Diele. Schau mal hoch zum Deckengebälk – hier nisten Schwalbenfamilien. Willst du dich erst mal stärken, dann bekommst du im Südteil, wo einst die Herrschaft wohnte, delikate regionale Spezialitäten und köstliche Kuchen *(Mo, Nov.–Feb. auch Di geschl. | Tel. 04864 8 45 | roterhaubarg.de | €€€).* Bist du dann neugierig auf das, was sich unter der Haube verbirgt, tritt durch eine unscheinbare Tür in den Vierkanthof. Heute ist in diesem Wirtschaftsteil des Haubargs ein *Museum (Eintritt für Restaurantgäste frei)* untergebracht, in dem es all das zu sehen gibt, womit die Bauern einst ihre Äcker bestellten und ihr Vieh versorgten. ⊞ E7

FRIEDRICH-STADT

(⊞ E7–8) **Am Kirchturm solltest du dich nicht orientieren, wenn du in** ★ **Friedrichstadt (2700 Ew.) das**

Das Restaurant Holländische Stube hält, was die Fassade verspricht

Zentrum suchst. Zwar liegt der Markt mitten in der Stadt, aber eine Kirche fehlt hier – warum?

Im 17. Jh. träumte der Gottorfer Herzog Friedrich III. von einer Handels- und Hafenstadt zwischen Eider und Treene. Er lockte Niederländer, die wegen ihres Glaubens fliehen mussten, mit dem Versprechen von freier Religionsausübung, Abgabenerlass und anderen Privilegien. Anhänger unterschiedlichster Religionen folgten diesem Ruf: Mennoniten, Quäker, Juden, Lutheraner und Katholiken. Alle bekamen die gleichen Rechte, sodass kei-

ner Kirche eine bevorzugte Lage eingeräumt wurde. Die Niederländer bauten sich ihre Stadt mit Grachten und rechtwinkligen Straßenzügen, die Kirchen erhielten ihren Platz zwischen den Bürgerhäusern. Zwar wurden die Träume des Herzogs nicht annähernd verwirklicht, doch ist ihm die „Holländerstadt", in der es heute noch vier Glaubensrichtungen und fünf Kirchen gibt, zu verdanken – ein Städtchen, das zu den schönsten in ganz Norddeutschland zählt.

SIGHTSEEING

MARKT

Die schönen Treppengiebel der Häuserreihe an der Westseite (Nr. 16–24) lassen ahnen, wie „holländisch" Friedrichstadt einst war. Am ursprünglichsten ist das *Edamer Haus* (Nr. 16) mit einem Sternenhimmel über der Tür als sogenannter Hausmarke. In der Mitte des Markts steht ein *Brunnenhäuschen,* verziert mit Versen vom plattdeutschen Dichter Klaus Groth.

ALTE MÜNZE

In diesem original erhaltenen niederländischen Renaissancegebäude von 1626 wurden nie Münzen geprägt – es diente dem Statthalter als Speicher. Heute ist die Alte Münze das *Historische Museum (April/Mai und Okt. Di–So 12–16, Juni–Sept. 11–17 Uhr | Eintritt 3,50 Euro | Am Mittelburgwall 23)* zur Stadtgeschichte. Im Garten befindet sich der alte Mennonitenfriedhof und du kannst auch einen Blick in die Kirche dieser kleinsten Friedrichstädter Glaubensgemeinschaft werfen.

REMONSTRANTENKIRCHE

Die schönste Kirche der Stadt wurde 1854 im Stil des Klassizismus als Nachfolgebau einer Saalkirche von 1624 errichtet. Heute finden hier auch ganz weltliche Konzerte statt (Termine: *friedrichstadt.de*). *Prinzessstr.*

ESSEN & TRINKEN

URSPRUNG

In Friedrichstadt kann man auch richtig schlemmen: im Restaurant des Hotels Aquarium mit Kaffeeterrasse direkt am Mittelburggraben. Die ambitionierte Küche verarbeitet feine Produkte, z.B. für die regionale Vesperplatte am Mittag. Abends solltest du dir ein Überraschungsmenü mit drei bis fünf Gängen gönnen. *Mo geschl. | Am Mittelburgwall 4–8 | Tel. 04881 9 30 50 | hotel-aquarium.de | €€€*

HOLLÄNDISCHE STUBE

Gut essen oder Kaffee trinken im alten Giebelhaus zwischen Antiquitäten und Delfter Kacheln oder auf der Terrasse direkt an der Gracht. *Di/Mi geschl. | Am Mittelburgwall 24–26 | Tel. 04881 9 39 00 | hollaendischestube.de | € (Terrasse/mittags), €€ (abends)*

KAJÜTE 1876

Hier kannst du schon tagsüber, Tapas, Flammkuchen, guten Kaffee und gute Weine genießen. Doch abends ist die Kajüte an der Gracht ein noch gemütlicherer Ort zum Klönen, sind die Terrassenplätze noch lauschiger. Probiertipp: das hauseigene Bier 1621! *Zeiten s. Facebook | Holmertorstr. 11 | Tel. 04881 9 37 37 50 | Facebook | €*

SHOPPEN

Einkaufsmeile ist die *Prinzenstraße* mit Einrichtungsläden und Souvenirshops, Tee und Räucherfisch, Keramikstudios und Galerien in alten Giebelhäusern. Ein gemütlicher, alteingesessener Laden ist das *Friedrichstädter Kaffee-Kontor (Am Markt 8 | kaffee-nf. de)*, wo es neben ca. 170 Kaffeesorten auch Tee, Bücher und Deko gibt.

SPORT & SPASS

GRACHTEN- & TREENEFAHRTEN

Eine Holländerstadt muss man natürlich auch vom Wasser aus erleben und eine kleine Flusskreuzfahrt auf der Treene macht einfach Spaß. Keine Lust auf Gesellschaft? Dann ab ins Ruder- oder Tretboot! *April–Okt. | Grachtenfahrten 10 Euro, Bootsverleih 10–14 Euro/Std. | Günther Schröder: Anleger Landungsbrücken; Prinzen-Linie: Anleger Am Deich | grachtenfahrt.de; Kanu Kunterbunt: Lohgerberstr. 35 | kanu-kunterbunt.de*

SCHÖNER SCHLAFEN AUF EIDERSTEDT

BUDENZAUBER

20 top ausgestattete „Buden" (= Zimmer) mit Balkon in einem modernen, stylishen Holzhaus, von der Mini- bis zur Familienbude: Das findest du in der *Bude 54 (Möwensteg 8 | Tel. 04863 42 13 60 | bude54. de | €€€)* in St. Peter-Ording. Besonders beliebt ist die „Planschbude" mit ihrer frei stehenden Badewanne gleich am Bett.

DITHMARSCHEN

KOHL, KRABBEN UND GRÜNER STRAND

Der Blick auf die Landkarte weckt Erwartungen: Nordseeküste von der Elb- bis zur Eidermündung. Wer hier jedoch mit Badesachen den Deich erklimmt, wird enttäuscht: Vor ihm erstrecken sich Landgewinnungsfelder, Watt und irgendwo weit draußen, unerreichbar für ein erfrischendes Bad, die Nordsee.

Der kürzeste Weg ins Wasser führt in Dithmarschen über Büsum. Auch wenn dort meist Gras den Sand ersetzt, hier gibt es all das, was man von einem „Strandbad" erwarten darf.

Jetzt ist ein Strandkorb Gold wert: Gewitterstimmung über dem Büsumer Grünstrand

Wer das Land entdecken will und etwas über die kämpferischen Bauern erfahren möchte, der sollte Meldorf und Heide besuchen. Hier wurde Geschichte geschrieben: Im 16. Jh. zeigten 6000 Dithmarscher dem Dänenkönig Johann, was eine Harke ist. Denn über andere Waffen verfügten die aufgebrachten Ackermänner nicht. Sie lockten das doppelt so starke Dänenheer auf die einzige passierbare Straße und öffneten flugs die Sieltore, worauf die eindringenden Fluten den Feind in die Flucht schlugen.

DITHMARSCHEN

Lunden **4**

Kotzenbüll

Tönning

Sankt Peter-Ording

Welt

Vollerwiek

Groven

5

Karolinenkoog

Hemme

Strübbel

Schülp

Neuenkirchen

Wesselburenerkoog

Norddeich

2 Wesselburen

21 km, 25 Min.

Wöhrden

Perlebucht/Watt'n Insel

1

Warwerort

Schäferei Rolfs

Kutterhafen ★

Büsum
S. 90

Meldorfer Bucht

61 km, 1 Std.

Seehundstation Friedrichskoog ★

● **Friedrichskoog**
S. 101

Helse

Kronprinzenkoog

Marne **9**

Kaiser-Wilhelm-Koog

Neufeld **8**

Elbe

Döse

MARCO POLO HIGHLIGHTS

★ **BRUNSBÜTTELER SCHLEUSEN**
Am Westende des Kanals müssen die dicken Pötte durch ➤ S. 103

★ **KUTTERHAFEN**
Kutter gucken und Krabben pulen in Büsum ➤ S. 91

★ **SEEHUNDSTATION FRIEDRICHSKOOG**
Hilfe für Heuler und Wissenswertes über Robben ➤ S. 101

★ **MELDORFER DOM**
Die größte Kirche der Westküste ➤ S. 97

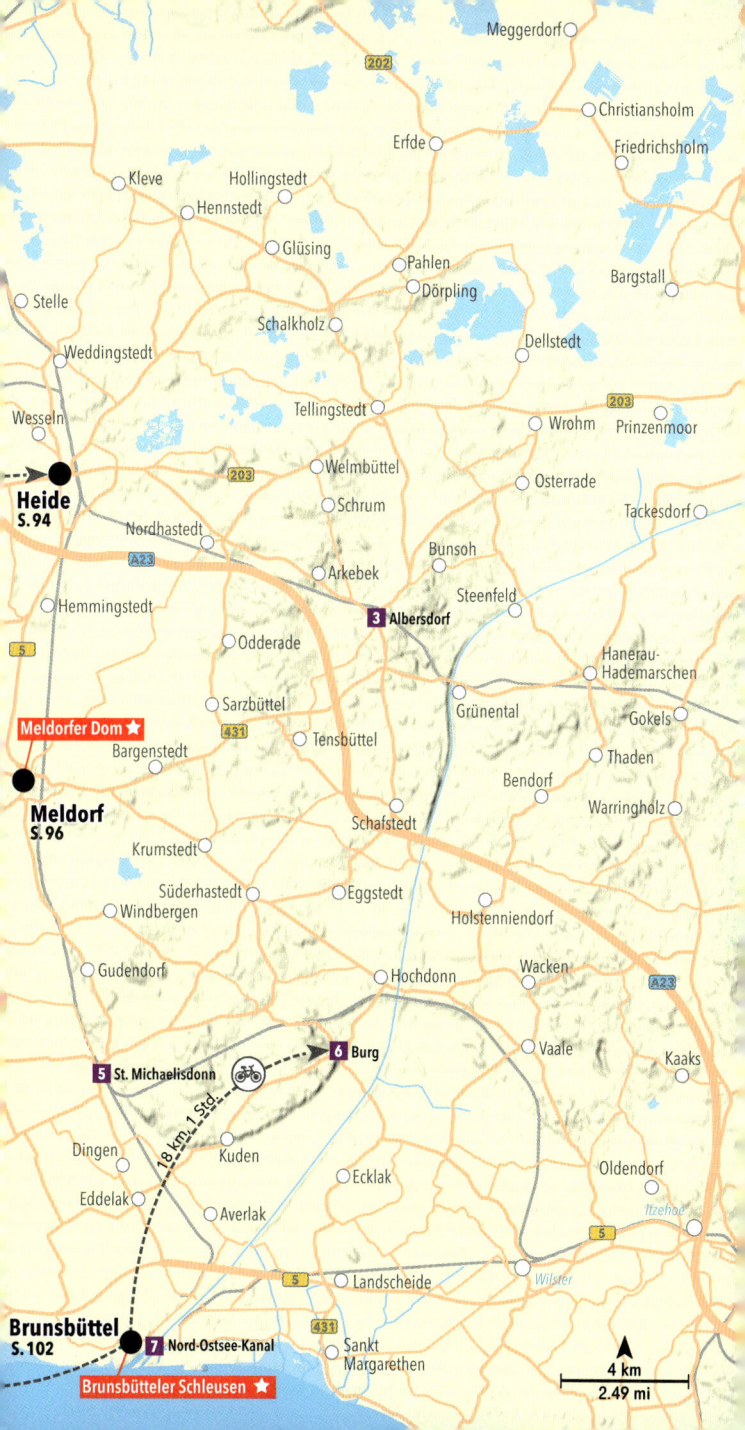

BÜSUM

(💹 D10) **Strandräuber sollen die Büsumer im 15. Jh. gewesen sein, als Büsum noch eine Insel war. Längst ist sie mit dem Festland zusammengewachsen, doch den Nachfahren der Insulaner ist der Sinn fürs Geschäft geblieben.**

In der Fußgängerzone drängen sich Kneipen, Eiscafés, Souvenirläden und Boutiquen. Während der Sommermonate gleicht Büsum (4900 Ew.) einem Jahrmarkt, Gäste schieben sich durch die Gassen. Der 3,5 km lange Grünstrand ist übersät mit mehr als 3000 bunten Strandkörben. Von der Beschaulichkeit des ältesten Seebads Dithmarschens (seit 1837) keine Spur mehr.

Denn Büsum hat aufgerüstet, Büsum boomt: Der Deich erhielt aus Küstenschutzgründen ein neues Profil – mit dem Nebeneffekt, dass nun noch mehr Strandkörbe auf den grünen Hauptstrand passen und eine in den Deich integrierte Terrasse den bequemen Zugang zum Wattenmeer ermöglicht. Mit dem *Watt'n Hus* ist ein modernes Gäste-und Veranstaltungszentrum entstanden und in der ersten Reihe, dort, wo früher das Kurzentrum stand, hat 2019 das Lighthouse Hotel & Spa eröffnet – ein Viersternehotel mit über 100 Zimmern und großem Wellnessbereich.

Glanzstück aber ist die *Watt'n Insel:* eine künstlich geschaffene, über einen Damm erreichbare Sandinsel. Zwischen Festland und Insel entstand so ein 10 ha großer, geschützter Bade-

bereich, die Familienlagune *Perle-bucht*. Auf der Insel gibt es vom Bistro bis zur Wassersportschule alles, was du dir als Strandurlauber wünschst.

SIGHTSEEING

PHÄNOMANIA 👥 ⛱

In dem den Naturwissenschaften gewidmeten Erlebniszentrum werden an über 230 Experimentierstationen die verschiedensten physikalischen Phänomene auf spannende Weise anschaulich gemacht. Ideales Ziel für einen Regentag! *15. März–Okt. tgl. 10–18 Uhr | Eintritt 15 Euro, Kinder 6–17 J. 12 Euro, 4–5 J. 8 Euro | Dr.-Martin-Bahr-Str. 7 | phaenomania-bue-sum.de | ⏱ 2,5 Std.*

KUTTERHAFEN ⭐ 🚩

Einige der knuffigen Fischkutter, die hier am Kai liegen, führen noch das „FRI" für Friedrichskoog als Heimathafen und erinnern so an die Zeit, als der Fischereihafen dort noch in Betrieb war. Doch Büsum ist ohnehin etwas näher dran an den Fanggründen, das spart Schiffsdiesel. Auch andere Fischerboote, z. B. aus Husum und dem ostfriesischen Greetsiel, gibts hier zu sehen und nirgendwo kannst du Krabben frischer kaufen, nämlich direkt von Bord. Gleich um die Ecke liegen unter dem rot-weißen Sockel des kleinen Leuchtturms schöne Segelboote und Ewer im *Museumshafen*.

MUSEUM AM MEER

Hier kann jeder mal Krabbenkapitän sein, das Ruder in die Hand nehmen und alles über den harten Alltag der Küstenfischer erfahren. Immer mittwochs um 17 Uhr gibts eine Museumsführung mit Krabbenpulkursus! *Mitte März–Anfang Nov. So–Fr 11–17, Sa 13–17, 26. Dez.–Mitte Jan. 11–16 Uhr | Eintritt 3 Euro | Am Fischereihafen 19 | museum-am-meer.de | ⏱ 1,5 Std.*

ESSEN & TRINKEN

KRABBE AM HAFEN

Hier wirst du satt! Klare, ehrliche Küche ohne Chichi – ob mit Sauerfleisch, Pasta mit Knobi, Kikok-Hahn oder Zanderfilet. *Di, Nov.–Feb. Mo–Do geschl. | Werftstr. 2 | Tel. 04834 9627680 | krabbe-am-hafen.de | €€*

ZUR ALTEN POST

Traditionslokal im gleichnamigen Hotel mit sehr guter regionaler Küche. Deichlamm, Nordseefische und Krabbengerichte werden in einer Original-Bauernstube, im Bistro oder draußen aufgetischt, Waffeln, Flammkuchen und Käse zu Bier und Wein gibts in der *Minibar (Mo/Di und mittags geschl.). Mo geschl. | Hafenstr. 2 | Tel. 04834 95100 | zur-alten-post-bue-sum.de | €€*

KOLLES ALTER MUSCHELSAAL

Muschelbilder, Galionsfiguren, Schiffsmodelle an der Decke und den Wänden schauen auf Schollen, Krabben und Steaks herab, die großzügig portioniert auf den Tellern liegen. *Di-Mittag und Mo geschl. | Hafenstr. 27 | Tel. 04834 2440 | kolles-alter-muschelsaal. de | €€€*

Das Wohnzimmer des Dichters Friedrich Hebbel ist heute ein Museum

LIGHTHOUSE

Gleich drei Restaurants hat Büsums Tophotel am Deich! In der *Hafenkantine (€)* mit Terrasse gibts mittags ein dreigängiges Lunchmenü. Das *Landgang (€€)* mit Terrasse und gläserner (!) Räucherei serviert mittags leichte bis herzhafte und abends reichhaltige Küche à la carte. Und das *Schnüsch (schnuesch.de | €€€)* glänzt donnerstags bis samstags abends mit regionalen Fine-Dining-Menüs. *Am Museumshafen 11 | Tel. 04834 9 84 20 | hotel-lighthouse.de*

DEICHPERLE

Weiß und Gut-Wetter-Meerblau ist das Ambiente im Restaurant des Hotels Küstenperle. Auch die Speisekarte verspricht Frische: Salate, Ofenkartoffeln, Steaks, Entenbrust, Ziegenkäse. Für Kids gibts ein 👯 Spielzimmer! Sind die im Bett, kannst du für den Absa-cker in die Bar *Schneiders,* die hat bis 1 Uhr auf. *Tgl. | Dithmarscher Str. 39 | Tel. 04834 96 21 15 43 | hotel-kuestenperle.de | €€*

SHOPPEN

DEICHGUT

Hier riecht es nach Holz, nach Leder, nach Whisky: Massivholzmöbel, Wohnaccessoires, Spirituosen, Mode (in der Filiale *Hohenzollernstr. 9*) und Stiefel mit Stil für den Mann, dem alles aus Gummi & Co. ein Gräuel ist. *Werftstr. 8 | deichgut.com*

NORDSEE-KAFFEERÖSTEREI

Und hier duftet es nach Kaffee: In diesem Laden darfst du beim Rösten der Bohnen zuschauen. Neben Kaffee sind auch Confiserie, Gebäck und mehr im Angebot. *In der Nebensaison Mo geschl. | Werftstr. 3*

STÜÜRMANNS SHOP

Beim Steuermann gibts unter dem Motto „leider geil" was für harte Kerle und toughe Ladys: bedruckte T-Shirts („Moinsen aus Büsum") und Hoodies, Mützen, Kaffeebecher, Piratenflaggen, Flachmänner und Fruchtaufstriche, Spirituosen mit gefährlichen Namen wie „Stüürmanns Seemannstod". Mit Onlineshop. *Hohenzollernstr. 7 | nordsee merch.de*

STRAND

PERLEBUCHT/WATT'N INSEL

Das Best-of eines Badeurlaubs bietet die *Familienlagune:* zwei tideunabhängige Becken zum Planschen und Schwimmen und auf der Watt'n Insel Surf- und Kitesurfschule, Stand-up-Paddling, Volleyball- und Beachsoccerfelder, Trampolins, Gastronomie, Grillplätze, aber auch naturbelassene, halbwegs windgeschützte Flächen zum Durchschnaufen und Sonnen.

SPORT, SPASS & WELLNESS

MEERZEIT

Alles schick und neu: Im Meerwasserwellenbecken donnern die Brandungswellen, der Massagebereich liegt nebenan, die Kids erfreuen sich an allerlei Wasserspielen und einem Spielkutter. Im Außenbereich guckst du aus dem Whirlpool auf die Nordsee und auf der Dachterrasse schwitzt du in der Panoramasauna. Zum Relaxen: Wintergarten und Loggia. *Wellenbad Mo–Sa 10–20 (Di und Do ab 8), So 10–19, Spa Mo–Sa 10–21, So 10–19 Uhr | Eintritt Wellenbad ab 7,50, Kinder 3–17 J. ab 4 Euro, Spa ab 13,50, Kinder 3–17 J. ab 10,50 Euro | buesum.de*

RUND UM BÜSUM

1 SCHÄFEREI ROLFS

3 km östlich von Büsum/10–15 Min. mit dem Rad am Deich entlang

Ponyreiten, Schafsafari, Jahreszeitenwerkstatt und Tiere überall: Das Angebot vor allem für Kinder auf diesem Bauernhof gleich hinterm Nordseedeich in Büsumer Deichhausen ist riesig. Mit etwas Glück kann man hier sogar die Geburt eines Lämmchens erleben! Selbstverständlich gibts auch ein Hofcafé und einen Hofladen. In Büsumer Deichhausen *(buesumerdeichhausen.de)* kannst du übrigens auch ganz wunderbar urlauben – ohne Kurkarte, in idyllisch-ruhigen Pensionen, dabei aber ganz nah bei Büsum. *März–Okt. Mo–Sa 10–18, So 14–18, Nov.–Feb. Fr–So 13–17 Uhr | Marschenweg 26 | Tel. 04834 65 45 | schaeferei-rolfs.de | ⌘ D10*

2 WESSELBUREN

12 km nördlich von Büsum/15 Min. über Reinsbüttel

Auf dem Weg zum Eidersperrwerk liegt der Geburtsort (3500 Ew.) des Dichters Friedrich Hebbel (1813–63). Das *Hebbelmuseum (Mai–Okt. Di–So 11–13 und 14–16, Di–Do bis 17, Nov.–April Di und Do 14–17 Uhr | Eintritt 3 Euro | Österstr. 6 | hebbel-museum.*

Ein Pirat, der Burger (und anderes) richtig gut kann: der Marktpirat in Heide

de | ⏱ 1 Std.) informiert über sein Leben. Im *Kohlosseum (Ostern–Okt. Mo–Fr 9–18, Sa, Juli–Okt. auch So 9–14, Nov.–Ostern Mo–Fr 9–17, Sa 10–13 Uhr | Bahnhofstr. 22a | kohlosseum. de | ⏱ 1 Std.)* dreht sich in Kohlmuseum und Bauernmarkt alles um Dithmarschens Hauptexportartikel. Wie wandlungsfähig Biokohl ist, erfährst du in der *Krautwerkstatt (Di–Do 14, Ostern–Okt. auch 15 und 16 Uhr | Eintritt 2 Euro).*

INSIDER-TIPP
Sauerkraut & Weißkohlsalbe

Auf der Karte der *Ulmenklause (Mo geschl. | Am Markt 4 | Tel. 04833 5 45 55 05 | ulmenklause.de | €)* steht natürlich auch eine Dithmarscher Kohlpfanne, schließlich is(s)t du hier in der Welthauptstadt des Kohls! Aber auch Sauerfleisch, Seehecht und die Salate sind nicht zu verachten. Wechselnde saisonale Angebote ergänzen die Karte, im Winter z. B. verschiedene Muschelgerichte. Nachmittags gibts hausgebackenen Kuchen, und das alles in hellen, freundlichen Räumen. 🗺 D9

HEIDE

(🗺 E9) **Urzelle der Dithmarscher Kreisstadt (21 500 Ew.) ist der Marktplatz – mit einer Fläche von mehr als 4 ha der größte in Deutschland.** Park auf dem Markt, um durch *Süder-* und *Friedrichstraße,* die Einkaufs- und Fußgängerzonen, in den Altstadtteil *Lüttenheid* zu bummeln. Dort wandelst du auf historischen Spuren, nämlich denen des Komponisten Johannes Brahms und des Dichters Klaus Groth.

SIGHTSEEING

ST.-JÜRGEN-KIRCHE

Die Grundmauern stammen aus dem 15. Jh. Nach einem Brand 1559 wurde das Kirchenschiff erneuert, Ende des 17. Jhs. nochmals erweitert. Im Inneren entspricht St. Jürgen eher einer Dorfkirche, glänzt jedoch mit einem prunkvollen Barockaltar und einem sehenswerten Altarbild von 1515. *Marktplatz*

BRAHMSHAUS

In dem schönen, weißen Haus mitten im Ort wurde Johann Jacob Brahms, der Vater des berühmten Komponisten, geboren. Die Ausstellung „Johannes Brahms – Norddeutsche Wurzeln und Bindungen" gibt Einblick in das Leben der Familie. *April–Okt. Di–Do 11.30–15.30, Fr 11.30–13.30, Sa 13.30 –15.30 Uhr | Eintritt 3 Euro | Lüttenheid 34 | brahms-sh.de |* ⏱ *45 Min.*

MUSEUMSINSEL LÜTTENHEID

Gleich zwei Museen liegen in der Altstadt, dem ehemaligen Handwerkerviertel, fußläufig beieinander. Das *Klaus-Groth-Museum* ist das 1796 erbaute Geburtshaus des Dichters (1819 –99), der die plattdeutsche Sprache literaturwürdig werden ließ. In den weitgehend unveränderten Räumen verlebte er seine Kindheit und Jugend. Im *Heider Heimatmuseum* schlenderst du durch eine Sammlung zur Stadt- sowie zur Vor- und Frühgeschichte Dithmarschens und erfährst Interessantes über das historische Handwerk. *Di–Do und So 11.30–17, Fr 11.30–14, Sa 14– 17 Uhr | Eintritt 4 Euro | Lüttenheid 40 | museumsinsel.heide.de |* ⏱ *1½ Std.*

ESSEN & TRINKEN

MARKTPIRAT

Direkt am Marktplatz in einem modernen Flachbau aus Holz und Glas mit einem Bootsdeck davor bekommst du Pasta, Salate (z. B. mit Ziegenkäse), Burger (auch vegetarische), Steaks (dry aged) und ein herrlich altmodisches Gericht: Rundstück warm mit Schweinebraten, dunkler Sauce und saurer Gurke! Natürlich gibts auch Frühstücksvarianten und jede Woche eine kleine Zusatzkarte. *Mo geschl. | Markt 25 | Tel. 0481 82 86 41 61 | marktpirat.de | €*

INSIDER-TIPP
Die Mutter aller Burger

CARPE DIEM, CAFÉ ROSALIE & DESTILLE

In der schnuckeligen Rosengasse, die von der Fußgängerzone abzweigt, verstecken sich rund um einen lauschigen Innenhof drei Lokale in einem: Restaurant, Café und Bistro mit Livemusik. Für jedes kulinarische Bedürfnis also das Passende. *So geschl. | Friedrichstr. 22 | Tel. 0481 68 30 05 | rosengasse-heide.de | €€*

SHOPPEN

Jeden Samstagvormittag findet auf dem Marktplatz der ⚑ *Bauernmarkt* mit einem großen Angebot an regionalen Erzeugnissen statt.

AUSGEHEN & FEIERN

L1-LOUNGE

Freitags und samstags ein Ort zum Feiern bei DJ-Sounds, ansonsten perfekt, um bei gut gemixten Cocktails zu chillen. *Do/Fr 20–3, Sa 20–6 Uhr | Schuhmacherort 26 | l1-hei.de*

RUND UM HEIDE

3 ALBERSDORF

14 km südöstlich von Heide/15 Min. über Nordhastedt

Das ehemalige Kurbad (3700 Ew.) lockt mit Wäldern und archäologischen Fundstücken, die am südlichen Ortsrand zu sehen sind: im 🔭 *Steinzeitpark Dithmarschen (April–Okt. Di–So 11–17 Uhr | Eintritt 7 Euro, Kinder 6–17 J. 3 Euro | steinzeitpark-dithmarschen.de),* einem Naturerlebnisraum mit Wanderwegen, Großsteingräbern und einem rekonstruierten Steinzeitdorf, in dem regelmäßig Veranstaltungen mit Speer, Bogen, Steinbeil und Feuerstein stattfinden. Fundstücke aus der Eisen- und Bronzezeit gibt es im einen kurzen Spaziergang entfernten *Museum Albersdorf (Mi–So 11–17 Uhr | Eintritt 3 Euro, Kombiticket mit Steinzeitpark 9 Euro | Bahnhofstr. 29 | ⏱ 1 Std.)* zu sehen. ⊞ F9–10

4 LUNDEN

17 km nördlich von Heide/20 Min. über Weddingstedt

In dem ansonsten eher langweiligen 1700-Ew.-Ort erzählt der *Geschlechterfriedhof* die Geschichte Dithmarschens. Unter den liegenden Gruftplatten aus Sandstein ruhen die Vorfahren der mächtigen und einflussreichen Bauernfamilien. Aufrecht hingegen steht der Stein von Peter Swyn (1480–1537). Er kämpfte siegreich in der Schlacht von Hemmingstedt, warb für die Abschaffung der Blutrache und wurde deshalb prompt von einem rivalisierenden Dithmarscher Geschlecht ermordet. Der Grabstein zeigt die Mordszene. Kreativ und leicht sind die saisonalen Gerichte der verfeinerten Regionalküche – vom Kabeljau- bis zum Kalbsfilet – im modernen, lindgrünen Ambiente des Hotelrestaurants *Lindenhof 1887 (Mo-Mittag, Mi-Mittag und Di geschl. | Friedrichstr. 39 | Tel. 04882 4 07 | lindenhof1887.de | €€€).* ⊞ E8

INSIDER-TIPP
Goldforelle mit Miesmuscheln? Aber sicher!

MELDORF

(⊞ E10) **Ihr grün oxidiertes Kupferdach und der Turm überragen alles in der Marschlandschaft: Die Meldorfer Kirche – aufgrund ihrer Größe auch Dom genannt, obwohl es hier nie einen Bischof gab – gilt als bedeutendster gotischer Kirchenbau zwischen Hamburg und dem dänischen Ribe.**

Am Fuß des Doms ist das Flair der einzigen mittelalterlichen Stadt Dithmarschens (1265 gegründet) noch gut zu spüren. Mussten die Meldorfer im Lauf der Geschichte zunehmend Macht und Einfluss an Heide abgeben, so sind sie heute froh, denn durch den Machtverlust ist die Stadt (7300 Ew.) einer Sanierung mit der Abrissbirne entgangen.

Auszeit vom Küstentrubel: auf einer Bank die Atmosphäre im Meldorfer Dom genießen

SIGHTSEEING

MELDORFER DOM ⭐ ☂

Die St.-Johannis-Kirche wurde zwischen 1250 und 1300 erbaut. Bereits ab dem 9. Jh. standen an dieser Stelle Kirchen, von denen aus Dithmarschen und die Westküste reformiert wurden. Im 19. Jh. erhielt der „Dom" einen neuen, 59 m hohen Turm und die Außenfassade wurde neugotisch aufgemauert. Innen ist die Gotik aber echt. Gewaltige Kuppeln überspannen den Innenraum der dreischiffigen Backsteinbasilika. Die mittelalterlichen Gewölbemalereien mit Motiven aus der Schöpfungsgeschichte wurden erst vor Kurzem aufwendig restauriert. St. Johannis ist vielseitig: Die stimmungsvoll beleuchteten Domgewölbe verleihen nicht nur den Gottesdiensten, sondern auch Klassik- und Jazzkonzerten sowie Lesungen eine einzigartige Atmosphäre. *Mo–Fr 10–12 und 14–16.30, Sa 10–12, So 14–17 Uhr | kirche-meldorf.de*

INSIDER-TIPP
Chorgesang & Glockenklang

DITHMARSCHER LANDESMUSEUM

So war das damals! Originalgetreu eingerichtete Räume von den 1870er- bis zu den 1960er-Jahren lassen die alten Zeiten wieder aufleben. Stationen auf dieser Zeitreise sind Wohnräume, ein Postamt, der Bahnhof, die Schule, ein Friseursalon, der Kaufmannsladen, das Kino, eine Zahnarztpraxis und sogar ein Operationssaal. Veranstaltungen (Theater, Märkte, Lesungen) ergänzen die Ausstellung.

Wegen Umbau bis ca. Ende 2022 geschl. | Bütjestr. 2–4 | landesmuseum-dithmarschen.de | 🕐 2½ Std.

SCHLESWIG-HOLSTEINISCHES LANDWIRTSCHAFTSMUSEUM

Landleben während der Industrialisierung: Mähdrescher, Traktoren, eine Dithmarscher Sauerkrautfabrik. Zum

schaftsmuseum-schleswig-holstein.de | 🕐 1 Std.

ZUR LINDE

Gemütliches Restaurant zu Füßen des Doms mit solider, bekannt guter Regionalküche. Interessant ist die monatlich

Das Alte Pastorat besteht aus mehreren Gebäuden – das schönste ist reich verziert

Vergleich: ein komplett eingerichtetes Dithmarscher Bauernhaus des 17./18. Jhs. mit Stube, Küche, Stall und Milchkeller aus einer Zeit, als Landarbeit überwiegend Handarbeit war. Zum Ensemble gehören auch ein wunderschöner Rosengarten und die Cafeteria *Neue Holländerei (Sa/So geschl. | €).* Di–Fr 10–16, Sa/So 11–16 Uhr, Bauernhaus Nov.–Ostern geschl. | Eintritt 3 Euro | Jungfernstieg 4 | landwirt

wechselnde Themenkarte: z. B. Matjes im Juni, Pilze im August oder Wild im Oktober. *Tgl. | Südermarkt 1 | Tel. 04832 9 59 50 | linde-meldorf.de | €*

BRASSERIE & RESTAURANT V

Ob Flammkuchen, Pannfisch, Gallowaysteak oder Deichlamm: In Bistroambiente werden regionale und saisonale Spezialitäten serviert. Fein sind auch die Spaghetti aus dem Parmesanlaib. Gute Weine, nette Terrasse. *Mittags geschl.) | Klosterstr. 4 | Tel. 04832 60 14 80 | restaurant-v.de | €€*

LUST AUF MEER
Klaas Bunge kombiniert 3 km östlich in Nindorf Nordsee- mit Mittelmeerküche. Sehr klar, sehr produktorientiert, sehr gut. Solltest du nach dem Essen noch „Lust auf mehr" haben, setzt du dich auf die Terrasse in einen Strandkorb und überlegst dir, **INSIDER-TIPP Kochen lernen bei Klaas** **ob du einen der regelmäßig stattfindenden Kochkurse buchst – allein, zu zweit oder mit Freunden.** *Mo/Di und außer So mittags geschl. | Hauptstr. 49a | Nindorf | Tel. 04832 97 86 08 | lustaufmeer-res taurant.de | €€*

SHOPPEN
DOMGOLDSCHMIEDE
Es ist nicht alles Gold (und Silber), was in der traditionsreichen Gold- und Silberschmiede glänzt. **INSIDER-TIPP Opal, Topas und Amethyst** **In den Vitrinen des Mineralienkellers funkeln und glitzern (Halb-)Edelsteine in allen Farben.** Steig ruhig mal hinab – auch das *Löffelarium* könnte dir gefallen! *Nordermarkt 9 | domgoldschmiede.de*

ALTES PASTORAT
Ins kleine Klosterviertel kommt man nicht nur, um einzukaufen: Ein historisches Gebäudeensemble – das schönste Gebäude mit kunstvollen Fachwerkinschriften stammt aus dem Jahr 1601 – gruppiert sich um zwei Innenhöfe und beherbergt Werkstätten und Läden, in denen die Mitarbeiter der Stiftung Mensch in Handarbeit hochwertige Web- und Töpferwaren, Strandkörbe, Vogelhäuschen und Insektenhotels herstellen. *Mo–Do 8–16, Fr 8–18, Sa 10–13 Uhr | Papenstr. 2 | stiftung-mensch.com*

SPORT & SPASS
STADTFÜHRUNGEN
Dass Meldorf eine der schönsten Städte an der Küste ist, wirst du spätestens dann unterschreiben, wenn du dich z. B. einer *kulturhistorischen Stadtführung (ca. 1½ Std. | 5 Euro)* angeschlossen hast oder einer *kulinarischen Abendstadtführung (ca. 1 Std. plus Imbiss | 12 Euro).* Termine bei der *Touristinformation (Nordermarkt 10)*

STRÄNDE
BADESTELLEN
Badefreuden garantiert der grüne Nordseestrand am Rand des Naturschutzgebiets *Meldorfer Speicherkoog,* und zwar in *Elpersbüttel* und *Nordermeldorf.* Kiosk, Surfsee, Beachvolleyball. *Strandkorb 6 Euro/Tag | echt-dithmarschen.de, meldorf-urlaub. de*

AUSGEHEN & FEIERN
BORNHOLDT
Livemusik, Lesungen, Kabarett – eine Kulturkneipe im besten Sinn, denn Bier, Wein und Snacks gibt's sowieso. *Di–Sa ab 16 Uhr | Zingelstr. 14 | Tel. 04832 79 07 | bornholdt-meldorf.de*

Mahlzeit! Dreimal täglich gibt es in der Seehundstation Fisch satt

KINO MELDORF

So muss Kino! Blockbuster und Arthouse-Hits in einem gemütlichen Kino mit Tischlämpchen, Bedienung, Bar und Popcornautomat. *Süderstr. 14 | Tel. 04832 43 43 | kino-meldorf.de*

RUND UM MELDORF

5 ST. MICHAELISDONN

12 km südlich von Meldorf/15 Min. über Gudendorf

In „Sankt Michel" ist eigentlich, nun ja, tote Hose – aber der Ort (3500 Ew.) besitzt zwei Attraktionen. Zum einen die Marschenbahn-Draisine *(Mai–Sept. Abfahrten in jedem Ort zweimal tgl. | Draisine 25 Euro (einfache Fahrt) bzw.* 50 Euro (Hin- und Rückfahrt) | Tel. 04851 95 76 86 und 04853 88 16 65 10 | marschenbahn-draisine. de), die man hier besteigen kann, um nach Marne (und wieder zurück) zu fahren. Wenn man zu zweit in die Pedale tritt, braucht man für die 9 km lange Strecke der ehemaligen Marschenbahn durch die Marschlandschaft ca. 1 Stunde. Da dieses Erlebnis begehrt ist, empfiehlt sich frühzeitige Reservierung!

Zum Zweiten ist da die anständige und bezahlbare Küche im Restaurant *Gustav's (So und mittags geschl. | Westerstr. 15–19 | Tel. 04853 80 30 | land haus-gardels.de | €€).* Da gibts z. B. das Surf & Turf Spezial oder Dithmarscher Tapas als reichhaltige Vorspeise, danach vielleicht eine Nordseescholle oder – sehr beliebt – einen Galloway-burger. *E11*

6 BURG

20 km südöstlich von Meldorf/25 Min. über Süderhastedt

Auf dem Geestrücken liegt der Luftkurort Burg (4200 Ew.) ganz nah am Nord-Ostsee-Kanal. Steigst du auf den 21 m hohen Aussichtsturm des 👥 *Waldmuseums (Karfreitag–Okt. Di–So 11–17 Uhr | Eintritt 4 Euro, Kinder 4–18 J. 2 Euro | Obere Waldstraße | burger-waldmuseum.de | ◷ 1½ Std.),* hast du einen phantastischen Ausblick über Dithmarschen bis zur Elbmündung. Das beheizte *Freibad (Mai–Sept. | Eintritt 3,50 Euro)* liegt besonders schön zu Füßen des Burger Walds und bei einer Wanderung durchs *Paradiestal* mit seinen Teichen glaubt man nicht, dass das Meer nur 20 km entfernt ist. Hauptattraktion aber ist zweifellos der Kanal, in dem du übrigens auch baden kannst – den großen Pötten ganz schön nah! Die Badestelle *Klein Westerland* ist vom *Burger Fährhaus* 6 km entfernt – immer am Kanal entlang in Richtung Hochdonn beim Campingplatz. 🗺 *F11*

INSIDER-TIPP
Bugwellen statt Wellenbad

FRIEDRICHS-KOOG

(🗺 D11) **Das Nordseeheilbad Friedrichskoog (2600 Ew.) ist zweigeteilt: Da ist zum einen Friedrichskoog-Ort, wo am ehemaligen Hafen der 👥 Indoorspielplatz *Willi der Wal* und das SB-Fischbistro *Alice Heimatha-***fen liegen. Auch die berühmte Seehundstation und die Hochzeitsmühle *Vergißmeinnicht* sind hier zu finden.**

Und zum anderen *Friedrichskoog-Spitze,* das 5 km entfernte Strandbad. Der sogenannte Strand ist eigentlich eine grüne Wiese, bei Ebbe ist das Wasser weit. Zu Füßen des Deichs liegen Apartments, das Kurzentrum, eine Ladenzeile, ein Ferienhausdorf im dänischen Stil und zwei rustikale Restaurants – das Ferienbad ist eher gemütlich als trubelig.

Friedrichskoogs ehemaliges Highlight, der Kutterhafen, wurde 2015 trotz massiven Widerstands der Einwohner stillgelegt, der Hafeneingang durch ein Schöpfwerk zur Entwässerung des Hinterlands geschlossen – das Ausbaggern des Hafenbeckens, das regelmäßig verschlickte, war zu teuer geworden. Die Krabbenkutter laufen nun Büsum an.

SIGHTSEEING

SEEHUNDSTATION
FRIEDRICHSKOOG ⭐ ⚲ 👥

Heuler nennt man die jungen Seehunde, die mutterlos gefunden wurden und hier aufgepäppelt werden, bis sie sich selbst ernähren können und dann in die Freiheit entlassen werden. Besucher können nicht nur die jungen Seehunde und Kegelrobben bei der Fütterung beobachten, sondern sich auch über das Leben der Robben und Wale informieren, z. B. in der Ausstellung „Robben der Welt", Felle anfassen und den Rufen der Heuler lauschen. *Di–So 10–16, April–*

Okt. bis 18, Fütterung 10.30 und 14, April–Okt. auch 17.30 Uhr | Eintritt 7 Euro, Kinder 2–16 J. 5 Euro | An der Seeschleuse 4 | Tel. 04854 13 72 | see hundstation-friedrichskoog.de

ESSEN & TRINKEN

SEASIDE 26

Nördlich der Spitze, gleich hinterm Deich, trifft man auf dieses moderne Restaurant mit ebensolcher Küche und einer gemütlichen Gartenterrasse. Lass dir hier zeigen, wie leicht und bekömmlich z. B. Ochsenschulter und Hamburger Pannfisch zubereitet werden können. *Mi/Do geschl. | Buschsand 26 | Tel. 04854 90 48 74 | seaside26.de | €€*

SHOPPEN

URTHEL

Im Ortskern selbst ist nicht viel los, doch dieser Abstecher lohnt sich:

INSIDER-TIPP
Fischers Fritz fischt frische Fische …

Familie Urthel betreibt einen eigenen Kutter, besitzt Krabbenschälmaschinen und eine Räucherei – entsprechend frisch sind Räucherfisch und Krabben, die du hier kaufst. Im angeschlossenen *Restaurant (Do–Sa 15–17 Uhr | Tel. 04854 2 91 | €)* mit seiner großen Terrasse gibts Flossen- und Krustentiere auch gebraten und gekocht. *Hafenstr. 71 | urthel.de*

WELLNESS

GTZ

Kur- und Wellnesszentrum mit Meerwasserthermalbad (32 Grad warme Sole), Whirlpool, Wasserfall, Sauna, Dampfbad und Café. Kurzentrum: *Mo–Fr 8–12 und 14–20 Uhr, Sa/So n. V.; Bad: So–Fr ab 10 Uhr mit wechselnden Schlusszeiten, Sa 14–18 Uhr | Eintritt 6 Euro | Schulstr.-West 14 | gtz-friedrichskoog.de*

BRUNS-BÜTTEL

(🗺 E–F12) **Brunsbüttel hat zwei Gesichter: Westlich vom Nord-Ostsee-Kanal liegen der historische Dorfkern Brunsbüttel mit Fachwerkhäusern aus dem 18. Jh., dem Kirchplatz und der 1679 erbauten Jakobuskirche, die heutige Innenstadt und das beim Bau der Kanalschleusen nach dem Vorbild englischer Gartenstädte errichtete sogenannte Beamtenviertel.**

Östlich des Orts erstreckt sich auf beiden Seiten des Kanals Brunsbüttelkoog, ein Industrieareal mit Chemiefabriken und dem stillgelegten Atomkraftwerk. Dorf, Stadtkern und Industrie wurden 1969 zur Stadt Brunsbüttel (12 500 Ew.) zusammengeschlossen. Als Ein- bzw. Ausfahrt des Nord-Ostsee-Kanals ist die Schleusenanlage Brunsbüttels Touristenattraktion. Und die Stadt will mehr: Rund um die Schleusenanlage, die bis 2026 um eine fünfte Schleusenkammer erweitert wird, soll unter Einbeziehung des Elbufers die *Schleusenmeile* mit Erlebnispark, Hotel, Kunstufer und Aussichtsbrücke entstehen.

Maßarbeit auf dem Kanal: Frachtschiffe bei der Ausfahrt aus der Schleusenkammer

SIGHTSEEING

BRUNSBÜTTELER
SCHLEUSEN ⭐ 🚩

Von einer Aussichtsplattform aus lässt sich das Schleusen von Yachten, Frachtern und Kreuzfahrtschiffen beobachten. Das Schleusenradar zeigt via Bildschirm in Echtzeit die auf Elbe und Kanal fahrenden Schiffe und auch die, die gerade in den Schleusen liegen. Im Museum 👁 *Atrium* sind Schiffs- und Schleusenmodelle zu sehen und die Geschichte des Nord-Ostsee-Kanals wird dokumentiert. Das *Schleuseninfozentrum* veranstaltet Führungen *(Termine s. Website). Plattform tgl. von Sonnenauf- bis Sonnenuntergang, Atrium Mitte März–Okt. tgl. 10.30–17 Uhr | Eintritt 3 Euro | Gustav-Meyer-Platz | schleuseninfo.de*

ESSEN & TRINKEN

TORHAUS

Essen direkt an der Schleuse, Schiffe stahlhautnah. Hier ist der Logenplatz wichtiger als Scholle, Schnitzel, Pasta und Pizza auf dem Teller. *Tgl. | Gustav-Meyer-Platz 3 | Tel. 04852 94 05 77 | brunsbuettel-torhaus.de | €€*

SHOPPEN

WAGNER

Die bekannte Pralinen- und Trüffelmanufaktur betreibt auf ihrem Firmengelände einen Shop – Fabrikverkauf für Liebhaber des edlen Naschwerks! *Mo–Fr 8–14.30 Uhr | Gutenbergring 3–5 | wagner-pralinen.de*

INSIDER-TIPP
Kalorien-bomben!

FREIBAD ULITZHÖRN

An sich ist ein Freibad ja nichts Besonderes – dieses aber schon! Hier kannst du nämlich beim Schwimmen Schiffe schwimmen sehen, denn das Bad liegt oben auf dem Deich direkt an Elbe und Kanal. *Mai–Mitte Sept. tgl. 9–19 Uhr | Eintritt 5 Euro | freizeitbad-brunsbuettel.de*

SCHIFFSFAHRTEN

Am Yachthafen an den Schleusen legen die MS Princess und der Raddampfer Freya zu Ausflugsfahrten auf dem Kanal und in die Elbe ab *(adlerschiffe.de)*. Vom Fähranleger im Elbehafen düst die Greenferry I fünf- bis sechsmal täglich in einer Stunde nach Cuxhaven und zurück. *elbferry.com*

RUND UM BRUNSBÜTTEL

7 NORD-OSTSEE-KANAL ⚑

Z.B. 18 km von Brunsbüttel bis Burg/ 1 Std. mit dem Rad

Die Wirtschaftswege rechts und links des Kanals laden zu einem Spaziergang oder einer Fahrradtour; oder du setzt dich auf eine Bank, guckst Schiffe und träumst von der großen, weiten Welt. Nach 125 Jahren seines Bestehens (Eröffnung am 21. Juni 1895) wirkt der Kanal mit den üppigen Uferböschungen wie ein Stück Natur. Nichts weist darauf hin, dass hier einst 7500 Arbeiter, vorwiegend nur mit Spaten ausgerüstet, 80 Mio. m³ Erde bewegt haben. War der Kanal 1895 66 m breit, sind es heute 162 m. In Dithmarschen liegt seine Wasseroberfläche deutlich über den angrenzenden Marschen; der Wasserlauf wird in dieser tief liegenden Landschaft von Dämmen begrenzt. So scheinen die rund 29 000 Schiffe – nicht mitgerechnet die etwa 12 000 Sport- und Segelboote –, die im Jahr den Kanal passieren, aus der Ferne gesehen über das Land zu gleiten. Wenn im Mai die Saison der Traumschiffe beginnt, ziehen die Kreuzfahrtriesen wie Wohnhäuser durch die grüne Landschaft. Wann welcher Kreuzfahrer den Kanal durch-

Plopp! Aus Marne kommt das Pils in der „Beugelbuddel"

fährt, erfährst du z. B. auf *tag-nok.de.*
6½–8½ Stunden dauert die knapp 99 km lange Passage von den Schleusen in Brunsbüttel bis nach Kiel-Holtenau, der Ausfahrt in die Ostsee. Geht es auch nur langsam voran, früher, als es den Kanal noch nicht gab, mussten die Seeleute um Skagen segeln – ein Umweg von 250 Seemeilen. *wsa-nord-ostsee-kanal.wsv.de* | ⊞ *F11–12*

8 NEUFELD

*10 km westlich von Brunsbüttel/
15 Min. über die B 5*

Clevere Brunsbüttel-Besucher fahren zum Essen ein Stückchen nach Westen an den winzigen *Neufelder Hafen,* wo ein paar Boote liegen und Schafe und Enten ihren Geschäften nachgehen. Da stehen nämlich auf dem Elbdeich gleich zwei gemütliche Gaststätten mit guter Küche nebeneinander: Im *Op'n*

INSIDER-TIPP
Danach einen Köm!

Diek (Mo/Di geschl. | Op'n Diek 3 | Tel. 04851 18 40 | restaurant-opn diek.de | €€) sind die Aalspezialitäten – gebraten, geräuchert, in Sauer – etwas Besonderes. Alice serviert in ihrem *Heimathafen (Mo/Di geschl. | Op'n Diek 5 | Tel. 04851 9 56 73 80 | alice-heimathafen. de | €)* vorwiegend Fisch – fangfrisch ohne Gedöns zubereitet – und auch Vegetarisches. Umsonst dazu gibt es Ruhe und einen herrlichen Weitblick von den Restaurantterrassen. ⊞ *E12*

9 MARNE

*14 km nordwestlich von Brunsbüttel/
20 Min. mit dem Auto über die B 5*

Noch im 18. Jh. lag Marne (6000 Ew.) am Meer. Im Zuge der Eindeichung

und Landgewinnung verlor es den Hafen und wurde zu einer Kleinstadt im Binnenland. Leider ist von dem historischen Charme wenig geblieben. Blickfang ist die Fassade der *Sonnenapotheke,* in der bereits 1755 Pillen gedreht und Säfte ge-

INSIDER-TIPP
Das ploppt und perlt!

braut wurden. Gebraut wird in Marne auch das als „Beugelbuddelbeer" (Bügelflaschenbier) bekannte Dithmarscher Pilsener, süffiger Beweis dafür, dass die Dithmarscher nicht nur was von Kohl verstehen.

Das nach seinen Gründern benannte Heimatmuseum *Marner Skatclub (Di–Fr und So 14.30–18 Uhr | Eintritt 2 Euro | Museumstr. 2)* zeigt Möbel, Kurioses und Raritäten aus der Region und der Karnevalsverein *(marnholfast.de)* in dieser Hochburg des norddeutschen Karnevals (Motto: „Marn' hol fast!") erfreut sich regen Zuspruchs. ⊞ *E11*

SCHÖNER SCHLAFEN IN DITHMARSCHEN

HUSCH, HUSCH INS KÖRBCHEN!

Wolltest du schon immer mal am Strand schlafen, unterm Sternenhimmel und mit Meeresrauschen als kleiner Nachtmusik? Hattest aber Angst vor Sand in der Nase, nassen Füßen und Möwenschiss auf dem Schlafsack? Jetzt wird dir zu ungestörter naturnaher Nachtruhe verholfen: Der Schlafstrandkorb ist da! Das dank Faltverdeck wetterfeste Schlafmöbel für zwei kannst du z. B. in Büsum nächteweise mieten. *schlaf strandkorb.de*

DAS WATTENMEER

Wenn das Wasser zweimal am Tag verschwindet, dann kommt das Wunder Watt zum Vorschein. Matsch bis zum Horizont, gewellt, gerippt, hier und da ein Rinnsal. Die Ebene scheint endlos, glitzert in Grau- und Brauntönen. Am Himmel kreischen Möwen, Austernfischer trippeln durch Pfützen, stochern mit dem Schnabel in den Wasserlachen. Es herrscht Niedrigwasser. Die Nordsee hat sich kilometerweit zurückgezogen, geblieben ist das Wattenmeer.

MEERESBODEN ODER LAND?

Doch was ist das Watt eigentlich? Handelt es sich dabei um Meeresboden oder um zeitweise überspültes Land? Experten erklären es so: Watt ist das Übergangsgebiet vom festen Land zum Meer, das bei Flut überströmt wird und bei Ebbe trockenfällt. Bis zu 20 km breit und 450 km lang erstreckt sich diese einzigartige Landschaft entlang der Nordseeküste: von den Niederlanden bis hinauf nach Dänemark.

NATIONALPARK & WELTERBE

1985 wurde das schleswig-holsteinische Wattenmeer als Nationalpark ausgewiesen, 2009 wurde ein neues Kapitel in der Geschichte des Wattenmeerschutzes aufgeschlagen: Die Unesco erkannte den Nationalpark als Weltnaturerbe an. Seitdem trägt das Wattenmeer vor der niederländischen, niedersächsischen und schleswig-holsteinischen Küste diesen Titel – der Auszeichnung und Verpflichtung zugleich ist. Hamburg ist seit 2011 dabei, Dänemark seit 2014.

Diese Maßnahmen waren dringend notwendig, denn was die Nordsee ungefähr im Sechsstundenrhythmus freilegt und wieder überflutet, ist ein empfindliches, einzigartiges Ökosystem. Je nach Beschaffenheit des Bo-

Barfuß geht es durchs Revier von Wattwurm & Co. – natürlich mit fachkundiger Führung

dens leben hier Millionen von Mikroalgen, Zehntausende von Krebschen, Schnecken, Muscheln und Würmern auf einem Quadratmeter – das sind mehr Lebewesen als im Urwald! Noch ein Superlativ? Bitte schön: Die etwa 5 mm große Wattschnecke lebt in Kolonien von bis zu 60 000 Exemplaren pro Quadratmeter. Kaum vorstellbar. Und all diese Tiere müssen sich dem ständigen Wechsel von Wasser und Luft anpassen. Zudem ist das Wattenmeer Laichplatz und Kinderstube vieler Fischarten und Nahrungslieferant für zahlreiche Vögel – und natürlich auch für uns Menschen: Ohne Wattenmeer gäb's z. B. keine Krabben, also kein Krabbenrührei, keine Krabbensuppe, kein Krabbenbrötchen – ein schrecklicher Gedanke.

Diese artenreiche Welt wird von Industrie und Landwirtschaft, aber auch von Urlaubern bedroht. Deshalb ist ein Großteil des Nationalparks für Tou-

risten tabu. Doch die Inseln und die fünf großen Halligen Gröde, Langeneß, Oland, Nordstrandischmoor und Hooge gehören nicht zum Nationalparkgebiet. Der Grund: Die strikten Naturschutzauflagen würden für deren Bewohner eine unzumutbare Beeinträchtigung ihres Lebens darstellen. Daher ist es in einigen Nationalparkzonen den Fischern auch nach wie vor gestattet, mit ihren Kuttern Fische zu fangen und Muscheln zu ernten. Und im Dithmarscher Watt darf sogar Erdöl gefördert werden *(mittel plate.de)*.

ANLAUFSTELLEN

Falls für dich die Nordsee ohne Wasser nur Matsch ist, musst du diese Welt entdecken – dann wirst du verstehen, warum das Wattenmeer so kostbar ist. In den 🐾 Infozentren entlang der Nordseeküste bekommst du Informa-

Lila leuchten die Salzwiesen im Frühsommer, wenn der Strandflieder blüht

nationalparkhaus-husum.de) und Niebüll (April/Mai und Sept./Okt. Di–So, Juni–Aug. tgl. 14–17.30 Uhr | Eintritt 4 Euro | Hauptstr. 108 | Tel. 04661 56 91 | nkm-niebuell.de). Eine Nationalparkstation (tgl. 9–18 Uhr | Eintritt frei | Am Fischereihafen 5 | Tel. 04834 87 30) befindet sich z. B. in Büsum.

VOR DEM DEICH

GESALZENE PFLANZEN

Auf den ersten Blick ist vor dem Deich alles gleich – schlichtes Grün bis zum Schlick. Grasen auf den Wiesen Schafe, mag dieser Eindruck stimmen. Denn wo die das Gras kurz halten, haben empfindliche Pflanzen kaum eine Chance. Durch Vertritt und Verbiss – so nennt es der Fachmann – wird die Flora der Salzwiesen eintönig. Um die Vielfalt zu erhalten, dürfen Schafe an der Nordseeküste nur noch auf etwa der Hälfte der Salzwiesen weiden.

Lässt man die Salzwiese ins Kraut schießen, blühen dort u. a. die Strandaster, die Strandkamille, der Andel oder Strandwermut, die hübsche rosa Strandnelke, der rosaviolette Strandflieder und das Englische Löffelkraut – schön zu sehen in den Sommermonaten entlang des Naturlehrpfads in Schobüll, im Katinger Watt, im Westerhever Vorland und auf dem Weg zur Hamburger Hallig.

All diese Pflanzen werden mehrmals im Jahr „gesalzen", nämlich vom Nordseewasser überflutet. Nun ist es bei den Pflanzen nicht anders als beim Menschen: Salz ist lebensnotwendig, zu viel Salz schadet. Bei allen Pflanzen vor dem Deich hat es die Na-

tionen, wo du dich Pflanzen und Tieren jenseits des Deichs am besten näherst, wie du dich verhalten sollst und was unter deinen Füßen lebt, während du dich in den „Matsch" wagst – was auf jeden Fall im Rahmen einer kundigen Führung am interessantesten ist. Hier ein paar Anlaufstellen mit Veranstaltungen für Wattentdecker:

Die Nationalparkverwaltung Schleswig-Holsteinisches Wattenmeer (Mo-Do 9–15, Fr 9–14 Uhr | Schlossgarten 1 | Tel. 04861 9 62 00 | nationalparkwattenmeer.de/sh) sitzt in Tönning. Nationalparkhäuser gibt es in St. Peter-Ording (Mo-Fr 13–17, Sa/So 11–17 Uhr | Spende von 3 Euro erbeten | Maleens Knoll 2 | Tel. 04863 9 50 42 54 | nationalparkhaus-spo.de), Husum (Mo –Sa 10–17, So 14–17 Uhr | Eintritt 1 Euro | Hafenstr. 3 | Tel. 04841 66 85 30 |

tur so eingerichtet, dass das überschüssige Salz neutralisiert wird oder Blätter mit gespeichertem Salz abfallen. Der Pionier auf der Salzwiese ist der Queller; diese fleischige Pflanze keimt sogar, wenn sie reichlich gesalzen wird. Und so steht sie an vorderster Front der Salzwiese und wächst sogar im Schlick. Immer häufiger findet man ihn – manchmal als „Meeresspargel" oder unter seinem französischen Namen *salicorne* – auch auf Märkten oder in Gemüsegeschäften, denn sowohl roh als Salat wie auch blanchiert als Gemüse ist er ein perfekter Begleiter (nicht nur) zu Fisch. Wird der Queller im Jahr etwa 700-mal überflutet, wird der oberste Teil der Salzwiese, der 50 cm über der mittleren Hochwasserlinie liegt, nur rund 50-mal von der Flut heimgesucht. Beste Bedingungen für den Strandflieder, der im Hochsommer weite, rosaviolette Blütenteppiche webt. Es mag verlockend sein, durch dieses Bunt von Blüten zu spazieren, doch bleib bitte auf den Wegen und genieß die Vielfalt der empfindlichen Flora entlang der ausgeschilderten Naturlehrpfade.

INSIDER-TIPP
Auf Bohlenwegen durchs Blütenmeer

DREHSCHEIBE FÜR VIELFLIEGER

Sie überwintern im Süden und machen sich dann im Frühjahr auf den Weg zu ihren Brutgebieten hoch im Norden; sie fliegen Tausende Kilometer über Kontinente und rasten – auf dem Globus winzig – im Wattenmeer zwischen Esbjerg in Dänemark und Den Helder in den Niederlanden: die Zugvögel.

Ein eiliger Gast im Watt ist der Knutt. Dieser kleine Langstreckenflieger landet im April/Mai an der Nordseeküste. Überwintert hat er an den Küsten Westafrikas und auf seinem Weg ins Wattenmeer legt er 4000–5000 km zurück. Im Watt trippelt er über den Schlick und frisst und frisst, nimmt pro Tag 4 g zu. Nach drei Wochen hat der Knutt genug: Gestärkt startet er Anfang Juni Richtung Nordsibirien. Vor ihm liegen noch einmal mehr als 4000 km. Die absolviert er locker in zwei, drei Tagen. Hoch im Norden heißt es nisten und brüten. Sind die Jungen nach drei Wochen geschlüpft, starten die Eltern bereits wieder Richtung Süden. Und im August/September frisst der Knutt wieder für ein paar Tage im Watt.

Weniger eilig haben es die Nonnen- oder Weißwangengänse. Sie rasten während ihres Zugs zwischen Winter-

Das Watt bietet dem Langstreckenflieger Knutt das notwendige Powerfood

quartier und Brutgebiet mehrere Monate im Wattenmeer. Zu sehen sind die Gänse mit dem schwarz-weiß gezeichneten Kopf u. a. im *Beltringharder Koog* und im *Hauke-Haien-Koog,* im *Westerhever Vorland* und auf den Salzwiesen der *Hamburger Hallig*. Sind sie bei ihrer Ankunft im März recht schlank, haben sie sich bis zur Weiterreise im Mai ein stattliches Hinterteil angefressen – genug Treibstoff für ihren Flug in die russische Arktis, wo sie brüten. Auf ihrem Rückzug gen Süden Anfang Oktober landen sie wieder: Zwischenstation Wattenmeer. Einige bleiben den Winter über hier; die meisten ziehen weiter.

Ein treuer Gast im Wattenmeer ist auch die Ringelgans, der man auf den Halligen ein eigenes Event ausrichtet: die Ringelganstage *(ringelganstage. de)* von Ende April bis Anfang Mai. Ein ernstes Problem ist die stetig steigende Zahl der – geschützten – Gänse: Neben 50 000 Ringelgänsen fallen im Frühjahr bis zu 200 000 Nonnengänse an der Westküste Schleswig-Holsteins ein, fressen ganze Wiesen kahl und kacken sie voll, sodass hier immer weniger wachsen kann. Um Abhilfe zu schaffen, soll nun eine Abschussquote festgelegt werden.

DAS WATT

MILLIONEN VÖGEL

Fällt das Watt trocken, bietet sich vielen Vögeln ein gefundenes Fressen: Strandflöhe und Schlickkrebse, von denen es auf und unter der Oberfläche nur so wimmelt, dazu Muscheln, Wattwürmer, zurückgebliebene Gar-

nelen und Strandkrabben. Tausende von Vögeln kommen ins schleswig-holsteinische Wattenmeer zum Balzen, Brüten, Mausern. Die Gesamtzahl der Brutvögel wird auf etwa 100 000 Paare geschätzt. Zusätzlich landen im Frühjahr und Herbst bis zu 1,5 Mio. der erwähnten Zugvögel, um sich hier für den Weiterflug ins Brutgebiet bzw. ins Winterquartier zu stärken. Es ist ungeheuer beeindruckend, in dieser Zeit die riesigen Vogelschwärme über dem Wattenmeer zu beobachten, wenn Zehntausende Knutts oder Sanderlinge am Abend noch ein Himmelsballett aufführen, bevor sie zu ihren Schlafplätzen fliegen.

INSIDER-TIPP
Man nennt es Schwarmintelligenz

Prominentester Küstenvogel ist die Silbermöwe. Ob im Hafen, am Strand,

Ein Starenschwarm formiert sich ständig neu und verdunkelt manchmal sogar die Sonne

an Bord der Fähren: Wo etwas abfällt, sind die Allesfresser da. Im Wattenmeer stellen die Möwen Krebsen, Krabben und Muscheln nach, am Ufer vertilgen sie auch tote Fische und Seehunde. Das silbergraue Federkleid bekommt die Möwe erst nach vier Jahren; dann erst ist sie geschlechtsreif, mausert sich und verliert die braun gesprenkelten Federn.

Zahlenmäßig wird die Silbermöwe von der Lachmöwe überflügelt. Sie brütet überall an der Küste und ihr Ruf erinnert mit viel Phantasie an ein schrilles, kurzes Lachen. Während der Brutzeit ist die Lachmöwe leicht an ihrem schwarzbraunen Kopf zu erkennen. Ist diese Zeit vorbei, bleibt nur ein dunkler Fleck hinter dem Auge.

Großes Geschrei im Watt macht der Austernfischer, wegen seines schwarz-

weißen Gefieders, seiner orangeroten Beine und des gleichfarbigen Schnabels auch Halligstorch genannt. Mit Letzterem knackt er die Schalen von Muscheln und auch die junger Austern. Vorwiegend jedoch stochert er im Watt und auf den Wiesen nach Würmern und anderem Getier. Seine Brutzeit beginnt Ende April. Wird das frei in einer Bodenmulde liegende Gelege gestört, pfeift er gellend und warnt so seine Jungen. Eindringlinge ins Brutrevier – auch menschliche – werden von ihm mutig im Tiefflug attackiert.

Eine einzigartige Flugshow kannst du im Frühjahr und Herbst am Himmel überm Watt an der dänischen Grenze bestaunen: Bis zu 400 000 Stare fliegen dann als riesiger Schwarm die phantastischsten

INSIDER-TIPP
Sonnenfinsternis

Ruhezone im Wattenmeer: Seehunde sonnen sich auf einer Sandbank

Formationen und verdunkeln dabei gelegentlich die untergehende Sonne – *sort sol* (schwarze Sonne) nennen die Dänen diesen Tanz deshalb. Der einen besonderen Grund hat: Angst. Die Vögel fressen sich auf ihrem Zug auf den Äckern und Wiesen mit Insekten und Würmern satt. Ein gefundenes Fressen auch für Raubvögel wie Wanderfalken, Habichte oder Sperber, sollte man meinen – aber denkste! Wird einer gesichtet, steigen die Stare auf und die Show geht los: Durch die Schwarmbildung und das Himmelsballett (für jede Raubvogelart gibt es übrigens spezielle Flugformationen!) wird das einzelne Individuum geschützt und der völlig verwirrte Greifvogel fliegt irgendwann frustriert von dannen.

TRICKREICHE TIERE

Das Wasser kommt, das Wasser geht: Im Sechsstundentakt ändern sich im Watt die Lebensbedingungen. Für Tiere kein lebensfreundliches Revier, sollte man meinen. Doch es kribbelt und krabbelt in Schlick und Sand. Muscheln, Würmer, Schnecken und Garnelen haben sich dem Milieu angepasst. Solange es nass genug ist, grasen Schnecken den Wattboden nach Algen ab; wird es ihnen zu trocken, buddeln sie sich ein. Auch dem Wattwurm wird es schnell zu sonnig, deshalb vergräbt er sich in seiner rund 25 cm tiefen, u-förmigen Wohnröhre. Dabei frisst er sich förmlich durch die Sedimente, scheidet sie wieder aus und hinterlässt an der Oberfläche ein geringeltes Häufchen Schlick – ein Anblick, der schon ungezählte unkundige Wattwanderer ins Grübeln gebracht hat.

Auch Muscheln bleiben bei Ebbe lieber im Untergrund. Sie saugen mittels einer Röhre den Wattboden nach feinsten Nahrungspartikeln ab. Droht Gefahr, wie etwa der Fuß eines Wattwanderers, wird die Röhre blitzschnell eingezogen, und ein winziger Wasserstrahl spritzt aus dem Sand. Kommt die Flut, graben die Muscheln sich wieder aus und lassen sich auf der Wasseroberfläche treiben. Besonders trickreich passt sich die Miesmuschel dem Nass-trocken-Rhythmus an. Sie bleibt, egal ob Ebbe oder Flut, auf ihrer Muschelbank. Fällt diese trocken, macht sie dicht, verschließt die Schalen, stellt die Atmung ein, vermindert den Herzschlag und überlebt die Trockenperiode. Es sei denn, der Mensch „erntet" sie, was auf 1700 ha Fläche im Nationalpark Wattenmeer erlaubt ist – an mehreren Stellen wurden künstliche Muschelbänke angelegt, um Miesmuscheln zu züchten. Die jährliche Ernte beträgt im Schnitt 10 000 t.

HEULENDE HUNDE

Der runde Kopf, die dunklen Knopfaugen, der lustige Schnurrbart: Solch ein Wesen möchte mensch schon mal aus der Nähe sehen. Leider kann genau das dem Seehund zum Verhängnis werden. Die Sandbänke im Wattenmeer sind die Rückzugsorte der knuddeligen Raubtiere, hier wollen sie ihre Ruhe haben – besonders im Sommer, wenn Geburt und Aufzucht der Jungen, Haarwechsel und Paarung auf dem Programm stehen. Von neugierigen Touristen, durch Lärm oder eine andere Störung aufgescheucht, geraten die Tiere in Stress und verlassen fluchtartig ihr sandiges Ruhekissen. Leicht wird dabei das Kind von der Mutter getrennt und dann reagiert es wie die meisten menschlichen Kinder: Es heult. Entdeckst du so einen Heuler, berühr ihn auf keinen Fall – die Mutter würde ihr

FAUNA MAL FÜNF

Als das Wattenmeer zum Weltnaturerbe erklärt wurde, haben sich die Touristikstrategen in der ihnen eigenen Sprache mal wieder etwas einfallen lassen: die „Big Five", die „Small Five" und die „Flying Five". Was zunächst nur nach einem Marketinggag aussieht, ist bei näherer Betrachtung durchaus sinnvoll. Unter diesen Slogans sollen die wichtigsten und spektakulärsten tierischen Bewohner im Meer, im Watt und an der Küste Besuchern nahegebracht werden: Schweinswal, Seehund, Kegelrobbe, Stör und Seeadler sind die „Großen", Strandkrabbe, Nordseegarnele („Krabbe"), Herzmuschel, Wattschnecke und Wattwurm die „Kleinen" und Silbermöwe, Ringelgans, Brandgans, Austernfischer und Alpenstrandläufer bilden die Kategorie der „Fliegenden". Überall in der Region werden zu diesen 15 Veranstaltungen und Führungen angeboten.

Ein beherzter Sprung ist eine Möglichkeit, einen (kleinen) Priel zu überwinden

Junges nie wieder annehmen. Am besten informierst du die Seehundstation Friedrichskoog *(Tel. 04854 13 72)* oder die Polizei.

IM WATT UNTERWEGS

SCHLICK, SAND UND PRIELE

Wenn das Wasser weg ist, bleibt eine Art Flusslandschaft zurück: Wasserläufe und sogenannte Priele, in denen das Wasser in die breiten Wattströme abfließt. Diese Ströme können 5 m und tiefer sein und dienen zugleich den Fähren als Fahrrinnen. Auch die kleineren Priele führen bei Ebbe noch Wasser – sie zu durchqueren oder gar in ihnen zu baden ist lebensgefährlich, da hier eine starke Strömung herrscht! Ins Watt geht es am besten barfuß! Quillt der schwarze Schlick zwischen den Zehen oder piksen Muschelsplitter, mag man sich zwar Schuhe wünschen – doch besser ist es, du gehst ohne, denn: Bleibt dein Schuh im Schlick stecken, stehst du da wie ein Storch im Watt. Was für eine Schweinerei! Und dass du in Ufernähe einsackst, ist nichts Ungewöhnliches. Hier wird der Sand von dunkelblau-schwarzem Schlick – einem wasserreichen Gemisch aus Ton und feinstem Sand – überlagert, stellenweise knietief. Manch Wanderer guckt nach den ersten Metern im Watt etwas angeekelt auf seine Füße. Doch je weiter du dich vom Ufer entfernst, umso fester wird der Boden, das Schlickwatt geht in Sandwatt über. Hier gibt es kein Versacken mehr. Das Watt ist fest und die Strömung hat Rippen in den Sand modelliert. Ein Spaziergang über diese Sandrippen ist zugleich eine wohltuende Massage für die Füße.

WATTFÜHRUNGEN ★

An der Westküste gibt es etwa 100 Wattwanderführer. Eine Übersicht über Wanderungen und Erkundungstouren bekommst du beim Verband der *Nationalpark-Wattführerinnen und Wattführer (nationalpark-wattenmeer. de/sh)* und bei der *Schutzstation Wattenmeer (schutzstation-wattenmeer.de).* Wanderziele und -zeiten sind abhängig vom Gezeitenkalender. Sie sind u. a. an den folgenden Treffpunkten angeschlagen und natürlich bei der jeweiligen Touristinformation zu erfragen. Die Dauer reicht von anderthalb bis zu stattlichen neun Stunden, die Preise bewegen sich zwischen 6 und 30 Euro.

– *Dagebüll:* am Hafen und am Parkcenter/Busshuttle (Wanderung nach Oland und Langeneß) und in Schlüttsiel am Fähranleger (Wanderung nach Gröde, Hooge, Langeneß); Anmeldung: *Birgit Andresen (Tel. 04667 4 66 | watt wanderung.eu)* oder *Regina Matthiesen (Tel. 04841 29 35 | wattwander erlebnis.de)*

– *Nordstrand:* Abgangsstelle Fuhlehörn (Wanderung nach Rungholt) und Lüttmoorsiel (Watterkundung vorm Beltringharder Koog); Anmeldung: *Christine Dethleffsen (Tel. 04671 66 14 | watt-wandern.de)*

– *Büsum:* Eingang Hauptstrand beim Piratenmeer und Büsumer Deichhausen beim Strandhaus; Anmeldung nicht nötig, *buesum-fuehrungen.de, watterleben.de*

– *Friedrichskoog:* Zugang zum Hauptstrand; Anmeldung meist nicht erforderlich, *watterleben.de*

WATTERKUNDUNG PER SCHIFF ★ ⚑

Seetierfangfahrten, Wattwanderfahrten, Brunchfahrten, Krabbenfangfahrten, Kreuzfahrten durch die Halligwelt vorbei an den Seehundbänken, mit Wattwanderung kombinierte Halligfahrten: Die Kapitäne lassen sich einiges einfallen, um Landratten aufs (Aussichts-)Deck ihrer Schiffe zu locken. Ein Törn kostet 10–55 Euro.

In Dagebüll und Schlüttsiel kannst du an Bord der Ausflugsschiffe der W.D.R. *(faehre.de)* gehen. Ab Schlüttsiel fahren auch die MS Hauke Haien *(watten meerfahrten.de),* die MS Seeadler *(see adler-hooge.de)* und die MS Rungholt *(halligmeerfahrten.de).* In Büsum legen die Schiffe der Reederei H. G. Rahder *(rahder.de)* ab, in Tönning, Husum und in Strucklahnungshörn auf Nordstrand die der Insel- und Halligreederei Adler Schiffe *(adler-schiffe.de).*

WATTWANDERER-GUIDE

– Niemals bei auflaufendem Wasser eine Wattwanderung antreten. Ideale Zeit: zwei Stunden vor Niedrigwasser

– Nie allein ins Watt gehen und nie ohne Uhr und Kenntnis der Hoch- und Niedrigwasserzeiten (Gezeitenkalender besorgen!)

– Priele führen eine mitunter äußerst starke Strömung!

– Wattwandern ausschließlich bei ruhigem Wetter und klarer Sicht. Vorhersagen beachten: Das Wetter kann an der See sehr schnell umschlagen!

– Bei Gewitter ist das Betreten des Wattenmeers lebensgefährlich. Wasser und erhöhte Punkte ziehen Blitze an

– Die Zeit für den Rückweg berechnen

– Vor Beginn einer Wattwanderung sich unbedingt bei einer Person abmelden

– Ein Kompass kann bei plötzlichem Nebel Leben retten!

– Geeignete Kleidung mitnehmen: Gefahr des Sonnenbrands, Sonnenstichs oder der Auskühlung bei starkem Wind

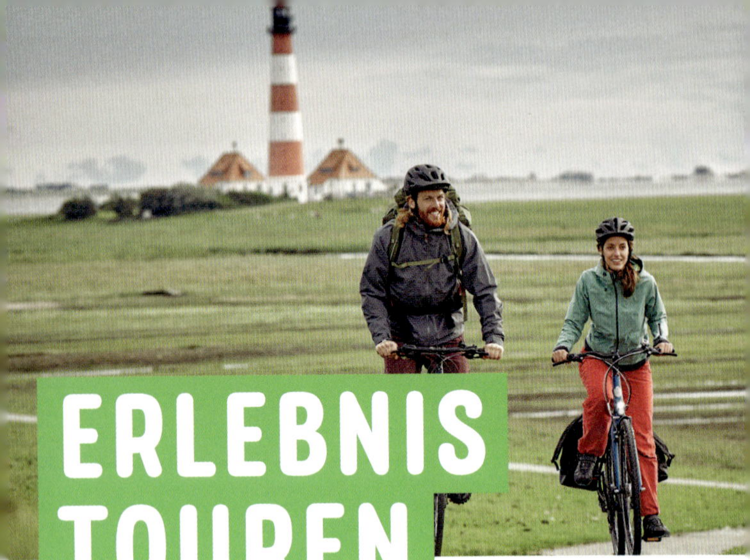

ERLEBNIS TOUREN

Lust, die Besonderheiten der Region zu entdecken? Dann sind die Erlebnistouren genau das Richtige für dich! Ganz einfach wird es mit der MARCO POLO Touren-App: Die Tour über den QR-Code aufs Smartphone laden – und auch offline die perfekte Orientierung haben.

❶ DURCH NORDFRIESLANDS KÖGE BIS NACH DÄNEMARK

➤ Alte Deiche, weite Köge und ein hoher Himmel
➤ Grenzübertritt: Stippvisite in Dänemark
➤ Zu Besuch in Emils Garten: das Nolde-Museum

📍	Niebüll	🏁	Niebüll
🔄	44 km	🚲	6–7 Stunden, reine Fahrzeit: 2¾ Stunden
ℹ	Mitnehmen: Badezeug, Personalausweis		

❶ Niebüll

IM ZICKZACK DURCH DIE KÖGE
Die Tour beginnt auf dem Rathausplatz von ❶ Niebüll
➤ S. 42. ➤ S. 42. Du folgst dem Hinweisschild zum Naturkunde-

Einfach QR-Code scannen und alle Karten & Infos zu unseren Touren auch unterwegs parat haben! go.marcopolo.de/nsh

Beliebtes Ziel für Radler: der Leuchtturm Westerheversand auf der Halbinsel Eiderstedt

museum, vor dem nach rechts eine kleine Straße zum Freibad führt. Hier biegst du ab. Nach zwei Kurven kannst du hinter den Bäumen Niebülls Freibad ➤ S. 43 sehen und eine Badepause einlegen.

Hinter dem Ortsschild beginnt die Weite der Köge: im Süden der Christian-Albrechts-Koog, im Norden der Gotteskoog, der größte Koog Nordfrieslands. *Auf dem Gotteskoogsdeich geht es Richtung Westen, doch schon nach etwa 4 km führt die schmale Straße Am Rollwagenzug rechts in den Koog.* Auf ihr fährst du nun durch kuhbestandene Wiesen, Raps- und Maisfelder. *Bei der ersten Möglichkeit biegst du links in den Südergotteskoogsweg, nach scharfer Rechtskurve links in den Kohlhamm, im weiteren Verlauf folgst du dem Schlickweg und einer Rechts-links-Kombination in den Nordergotteskoogsweg, bis du nach 7,5 km den Hoddebülldeich erreichst. Hier gehts rechts und dann 5,5 km bis nach* ❷ Neukirchen. Auf dieser Strecke überquerst du die Bahnlinie Niebüll–Westerland.

19 km

❷ Neukirchen

6 km

MAL KURZ ÜBER DIE GRENZE …
Hunger? Dann ist der Landgasthof Fegetasch *(Di-Mittag, Mi-Mittag und Mo geschl. | Osterdeich 63–65 | Tel.*

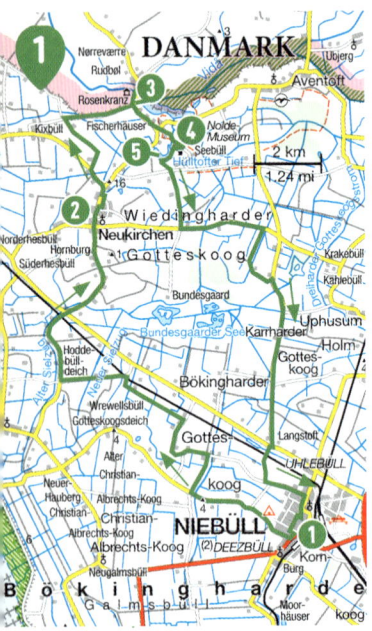

04664 2 02 | *fegetasch.de* | €) am nördlichen Ortsausgang eine gute Adresse. *Gestärkt fährst du gleich vor der Tür halb links in die Straße Beim Siel. Nach 1 km biegst du rechts in den Neudamm ein.* Gesäumt von Wiesen und Pferdekoppeln, führt dieser beschauliche Weg bis zur dänischen Grenze: *An der nächsten Kreuzung leitet dich rechts die leicht ansteigende Straße auf einen Deich.* Linker Hand, hinter dem Weidezaun, beginnt Dänemark. Eine gute Gelegenheit, mal einen Blick auf den Wildschweinzaun zu werfen, der seit Ende 2019 das Land der Schweinezüchter vor der vorwiegend von Wildschweinen verbreiteten Schweinepest schützen soll.

Du erreichst den ❸ **Grenzübergang Rosenkranz**. Das Zollamt steht leer, der Schlagbaum ist abgeschraubt. Kontrollen gibt es kaum. In kurzen Abständen in den Asphalt der Grenzstraße eingebettet, markieren rote Granitsteine mitten auf der Straße, wo genau die Grenze verläuft. Fahr noch ein kurzes Stück ins Königreich hinein – vorbei am **Alten deutschen Grenzkrug** *(außer So mittags und Mo/Di geschl. | Tel. 04664 3 86 | alter-deutscher-grenzkrug.de | €)* und seinem Pendant auf dänischer Seite, dem **Rudbøl Grænsekro** *(tgl. | rudbol.dk | €€€)* – denn der Blick auf den Ruttebüller See ist phantastisch! Hier bekommst du einen Eindruck von der Landschaft, die Emil Nolde einst faszinierte und inspirierte.

INSIDER-TIPP
Mit einem Bein im Königreich

... UND DANN BEI NOLDES VORBEISCHAUEN

Wieder in Deutschland, folgst du dem Schild „Nolde-Stiftung Seebüll" und kommst an zwei kleinen Supermärkten vorbei. Wenige Meter hinter dem zweiten führt links der für Autos gesperrte Noldeweg direkt zum ❹ **Nolde-Museum** ➤ S. 47, dem einstigen Wohnhaus

❸ **Grenzübergang Rosenkranz**

3 km

❹ **Nolde-Museum**

und Atelier des Malers. Der klotzige Bau aus dunklen, rotgrauen Steinen wirkt auf der Warft wie eine Burg im flachen Nordfriesland. Mach einen Spaziergang durch Ada und Emil Noldes wunderschönen Staudengarten und gönn dir anschließend im Café Seebüll ➤ S. 48 ein Stück Kuchen oder ein Eis.

Lust auf ein erfrischendes Bad? *Fahr einfach 500 m nach Süden und den Revtoftweg rechts Richtung Neukirchen. Nach weiteren 500 m weist ein Schild zum* ❺ Hülltoft-Tief, in den Sommermonaten eine lauschige Badestelle mitten in Emil Noldes Landschaft. Der Weg zurück nach ❶ Niebüll führt mehr oder weniger geradeaus über *Hülltoftweg, Krakebüller Straße, Hattersbüllhallig, Aventofter Straße, Süderende und Süderweg* wieder in die Stadtmitte.

1 km

❺ Hülltoft-Tief

15 km

❶ Niebüll

❷ AN EIDERSTEDTS NORDKÜSTE

➤ **Weithin sichtbares Highlight: Leuchtturm Westerheversand**
➤ **Weiter Blick vom Deich bis nach Pellworm**
➤ **Gewaltiger Bauernhof: der Rote Haubarg**

📍 St. Peter-Ording   Lundenbergsand

→ 52 km   🚲 8 Stunden, reine Fahrzeit 3 Stunden

ℹ️ Mitnehmen: Fernglas, Badezeug
Von ❻ **Lundenbergsand** bis zum Husumer Bahnhof sind es etwa 6 km, von dort fährt stündlich ein Zug in ca. 50 Minuten zurück nach ❶ **St. Peter-Ording.**

VOM LEUCHTTURM ZUM KIRCHTURM
Egal, wo du im weitläufigen ❶ St. Peter-Ording ➤ S. 74 startest – du musst *ab Ording auf die Straße nach Norden in Richtung Tümlauer Koog und Westerhever. Auf oder neben dem Deich folgst du der Deichkante, bis es kurz vor einem Schöpfwerk ein Stück nach Westen zum* Leuchtturm Westerheversand ➤ S. 77 und zu einem

❶ St. Peter-Ording

21 km

❷ Infokiosk

1 km

❸ Westerhever

14 km

❹ Everschopsiel

11 km

❷ **Infokiosk** mit Parkplatz, Souvenirshop und Toiletten geht. Von hier aus lugt das werbebekannte Wahrzeichen Nordfrieslands schon über den Deich. Lass dich aber nicht täuschen, tatsächlich ist es noch 2½ km Fußweg (!) entfernt. Da deine kleine Radreise noch etwas dauern wird, solltest du auf einen Besuch verzichten und höchstens ein kleines Mitbringsel erstehen.

Weiter gehts landeinwärts nach ❸ **Westerhever**. Auch da gibts einen Turm: den der St.-Stephanus-Kirche. Er ist der älteste Turm Eiderstedts und diente bis zum Bau des Leuchtturms 1907 als Seezeichen. *Nun geht es durch den Augustenkoog bis Osterhever, wo du scharf nach links Richtung Deich abbiegst. Eine kurze, knackige Rechts-links-Kombination – dann fährst du auf dem Deich (bei Gegenwind unterhalb) bis* ❹ **Everschopsiel**.

VOM SPIEKER ZUM HAUBARG

Dort wird gerastet: im modernen Bistro **Spieskommer** *(aktuelle Öffnungszeiten auf der Website | Tel. 04865 90 12 90 | spieskommer.de | €€)* mit seiner schönen Terrasse, von der aus du auf den Tetenbüllspieker schaust, einen See, der Naturschutzgebiet und Vogelrefugium ist. Vom Deich aus kannst du bis Pellworm und Nordstrand gucken und an der **Badestelle Everschopsiel** in die Nordsee hüpfen!

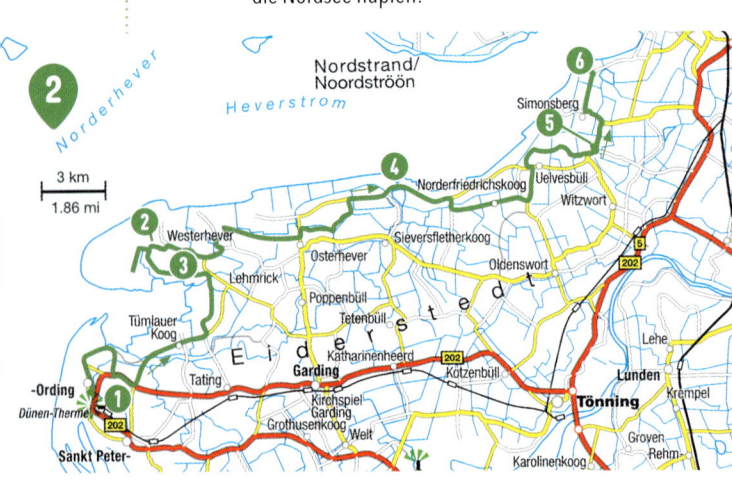

Gut gestärkt und erfrischt fährst du nun auf dem Deich oder zu seinen Füßen bis Uelvesbüll. Von dort führt dich der Weg wieder landeinwärts mit leichter Steigung über den Porrendeich zum von hohen Bäumen umgebenen **❺ Roten Hauburg ➤ S. 83**. Mach hier unbedingt kurz halt und schau dir an, warum so ein Hauburg Hauburg heißt. *Danach lässt du ihn im wörtlichen Sinn links liegen und fährst gen Norden ins beschauliche Simonsberg.* Hier verlässt du allmählich die Halbinsel Eiderstedt, indem du im Ort *den Schildern nach* **❻ Lundenbergsand ➤ S. 64** folgst. Im gleichnamigen **Hotel** (hotel-lundenbergsand.de) *direkt hinter dem Deich kannst du dich einquartieren und sehr gut zu Abend essen.*

❺ Roter Hauburg

5 km

❻ Lundenbergsand

❸ AM NORD-OSTSEE-KANAL

➤ **Das Nadelöhr zur Nordsee: die Brunsbütteler Schleusen**
➤ **Durch die Marsch zu Deutschlands tiefster Landstelle**
➤ **Kaum bekanntes Naturschutzgebiet: der Kudensee**

📍	Brunsbüttel	🏁	Brunsbüttel
🔄	47 km	🚲	1½ Tage, reine Fahrzeit: 3 Stunden
ℹ️	Mitnehmen: Fernglas		

AM UND ÜBER DEN KANAL

Du startest in **❶ Brunsbüttel ➤ S. 102** an den **Brunsbütteler Schleusen ➤ S. 103** bzw. der Marina und *fährst auf der Ostermoorer Straße, später Blangenmoorer Straße auf wenig ansehnlicher, aber kurzer Strecke immer geradeaus mit dem Kanal zu deiner Rechten, bis ein Schild nach rechts zur* **❷ Fähre Kudensee** *weist.* Hier erwartet dich das Vergnügen einer Gratis-Mini-schiffsfahrt: Du setzt mit der Kanalfähre über auf die Südseite.

Etwa 8 km geht es nun am Kanal entlang gemütlich nach Nordosten – mit Schiffen zur Linken und Gebüsch zur Rechten – bis zum Fähranleger des Städtchens Burg,

TAG 1

❶ Brunsbüttel

8 km

❷ Fähre Kudensee

12 km

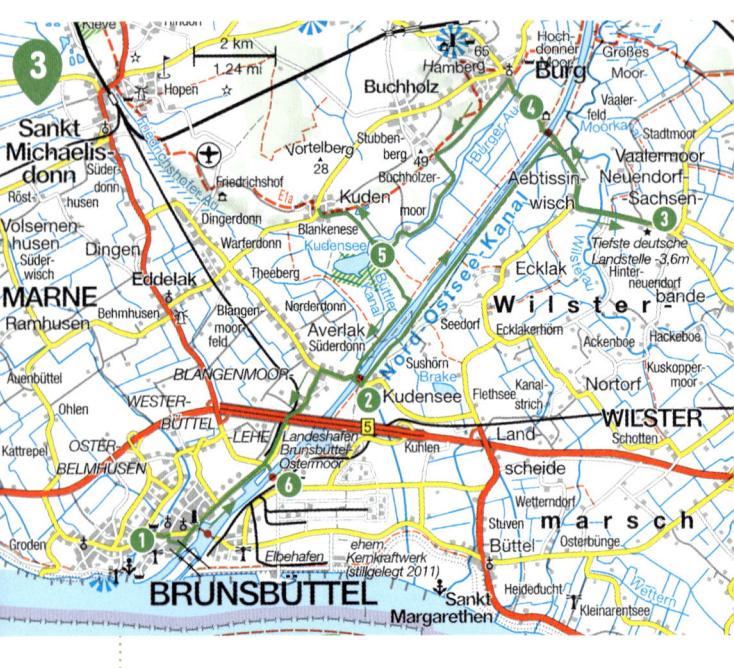

❸ Tiefste Landstelle Deutschlands

4 km

❹ Burger Fährhaus

INSIDER-TIPP
Fähre, Frachter, Fischfilet

wo du aber (noch) nicht übersetzt, sondern rechts auf die schmale Landstraße einbiegst, die dich zur ❸ **tiefsten Landstelle Deutschlands** bringt. Die ist zwar wenig spektakulär – ein kleiner Rastplatz mit Markierungspfahl, Infotafel, Wasserstelle (kein Trinkwasser!) und Fahnenmasten –, liegt aber immerhin 3,54 m unter Normalnull.

Nach diesem vermutlich einmaligen Erlebnis geht es *auf derselben Strecke wieder zurück – nun lässt du dich von der* Burger Fähre *zurück auf die Nordseite des Kanals bringen.* Dort erwartet dich das ❹ **Burger Fährhaus** *(burger-faehrhaus.de)* mit einer Sonnenterrasse unter hohen Bäumen und guter regionaler Küche – ein perfekter Platz, um den Fährbetrieb und die vorbeituckernden Schiffe zu beobachten. Mach nach dem Abendessen noch einen Spaziergang am Kanal, bevor du dich in eines der Zimmer zurückziehst.

VÖGEL UND SCHIFFE GUCKEN

Nach dem Frühstück gehts weiter, und zwar zunächst *nach Norden in Richtung Burg. Kurz vor dem Ortskern biegst du jedoch links ab in die Straße Unterm Cleve, ihr folgst du nach Südwesten.* Der Weg verläuft am Waldrand unterhalb des Geestrückens, sodass du linker Hand die Marschlandschaft überblicken kannst, dahinter blitzt gelegentlich das Wasser des Kanals auf, und du siehst die Decksaufbauten der großen Pötte über den Uferbäumen schweben. *Nach etwa 2,5 km weist ein Schild den Weg nach links ins* Buchholzer Moor und damit in die Marsch Richtung Kanal.

An der übernächsten Kreuzung stößt du auf den Weg, der vom hübschen Dorf Kuden zum Kanal führt. Bevor du diesem Weg folgst, solltest du dein Rad kurz abstellen und das Fernglas zücken, denn genau gegenüber liegt der nur 1,2 m tiefe ❺ Kudensee – Dithmarschens größter See und mit seinem Umland Natur- und Vogelschutzgebiet. Hier brütet u. a. die seltene Rohrdommel.

Zurück am Kanal, fährst du an ihm entlang weiter bis zur ❻ Fähre Ostermoor. *Für die letzten 2 km nimmst du wieder dieselbe Straße wie auf dem Hinweg.* Zum Abschluss setzt du dich in ❶ Brunsbüttel auf die Terrasse des Restaurants Torhaus ➤ S. 103 und beobachtest beim Essen, wie Segelschiffe in die Marina manövrieren und dicke Pötte sich in und aus den Schleusen schieben.

TAG 2

12 km

❺ Kudensee

8 km

❻ Fähre Ostermoor

4 km

❶ Brunsbüttel

Auf Tuchfühlung mit einem Kreuzfahrtschiff in der Schleusenanlage Brunsbüttel

GUT ZU WISSEN

DIE BASICS FÜR DEINEN URLAUB

ANKOMMEN

ANREISE

Mit dem Auto hast du drei Möglichkeiten, an die Nordseeküste zu kommen: 1. Du nimmst die A7 Hamburg–Flensburg, fährst bis zur Abfahrt Schleswig/Schuby, weiter auf der B201 nach Husum oder bis zur letzten Ausfahrt vor der Grenze und über die B199 nach Niebüll. 2. Weniger stauträchtig ist in der Regel die A23 Hamburg–Heide und als deren Fortsetzung Richtung Norden die B5. 3. Magst du es gemächlich, dann verlässt du die A23 hinter Itzehoe (Abfahrt Brunsbüttel) und bummelst über die Dörfer Richtung Heide.

Die Regionalzüge der Deutschen Bahn verlassen nahezu stündlich den Bahnhof Hamburg-Altona und bringen dich nach Meldorf, Heide (Anschluss nach Büsum), Lunden, Friedrichstadt, Husum (Anschluss nach St. Peter-Ording), Bredstedt und Niebüll (Anschluss mit der NEG nach Dagebüll-Mole). Die Fahrzeit leigt je nach Ziel zwischen anderthalb und drei Stunden. Die IC- und ICE-Züge der DB fahren bis zu achtmal täglich ab Hamburg-Hauptbahnhof und Hamburg-Dammtor bis Westerland auf Sylt.

REISEGEPÄCK

Ohne dir die Laune verderben zu wollen – Regenjacke und bei Bedarf eine Kopfbedeckung sind zu jeder Jahreszeit Pflicht und auch im Hochsommer solltest du Pullover oder Strickjacke mitnehmen, denn bei Wind kann es abends rasch kühl werden. Ins Gepäck gehört unbedingt auch eine Sonnencreme mit hohem Lichtschutzfaktor. Am Meer ist die Intensität der Sonneneinstrahlung nicht zu unterschätzen – auch bei bewölktem Himmel und nicht nur direkt am Strand.

Wenn die Windstärken zweistellig werden, kapituliert auch der stabilste Schirm …

WEITER-KOMMEN

BUSSE

Einige Buslinien nehmen in der Saison Fahrräder mit. In der Nebensaison ist der Fahrplan oft stark ausgedünnt. Das gilt auch in den schleswig-holsteinischen Schulferien, zumindest abseits der Urlaubsorte. Informationen und Fahrpläne: *dbregiobus-nord.de*

FÄHREN

Fährhäfen für Amrum, Föhr und die Halligen sind Dagebüll und Schlüttsiel. Infos und Tickets: *Wyker Dampf-schiffs-Reederei (Tel. 04681 800 | faehre.de)*. Pellworm erreicht man mit der Autofähre ab Nordstrand (Strucklahnungshörn). Info und Tickets: *NPDG-Reederei Pellworm (Tel. 04844 7 53 | faehre-pellworm.de)*. Für alle Fähren

gilt: den PKW-Stellplatz in der Hochsaison frühzeitig reservieren!
Außerdem fahren ab Büsum, Husum und Nordstrand Ausflugsschiffe ohne PKW-Transport zu den Inseln und Halligen, z. B. *adler-schiffe.de*.

IM URLAUB

BADEN

Wann kommt das Meer zurück? Antwort auf diese im Nordseeurlaub essenzielle Frage gibt der Gezeitenkalender. Kostenlos gibts die Ebbe-und-Flut-Tabelle bei den Touristinformationen und auf deren Websites.
Auch wenn es durchaus Leute gibt, die zu Weihnachten oder Neujahr in die Nordsee hüpfen, Badesaison ist von Mitte Juni bis Mitte September. Das Wasser wird selten wärmer als 18 Grad, an besonders flachen Stellen

können es schon mal 20 Grad sein. Nacktbaden ist erlaubt; an den meisten Stränden gibt es eine ausgewiesene FKK-Zone. Die Hallenbäder haben Extrazeiten für hüllenloses Baden.

BAUERNHOFURLAUB

Überall in der Region gibt es Höfe, die Landwirtschaft und Tourismus kombinieren und zum Teil sehr komfortable Zimmer und Ferienwohnungen vermieten, z. B.:
– *Moordeichhof (moordeichhof.de)* in Fahretoft bei Dagebüll
– *Maashof (maashof-rathmann.de)* bei Husum
– *Haubarg Blumenhof (haubarg-blumenhof.de)* bei Tating und *Kantorhof (kantorhof-urlaub.de)* bei Tetenbüll auf Eiderstedt
– *Ferienhof Krey (hof-krey.de)* in Neufelderkoog, *Ferienhöfe Bock (ferienhof-bock.de)* bei Friedrichskoog und *Borcherding (ferienhof-borcherding.de)* in Süderdeich in Dithmarschen
Viele weitere Adressen findest du unter *landsichten.de/schleswig-holstein.*

CAMPING

Auf den Campingplätzen entlang der Küste sind viele Stellplätze für Dauercamper reserviert. In der Hochsaison also frühzeitig buchen! Eine Übersicht über Campingplätze und Stellplätze für Wohnmobile gibt die *Nordsee-Tourismus-Service GmbH (nordseetourismus.de)* heraus.
Campingplätze in besonders ansprechender Lage sind beispielsweise:
– *Rudbøl Camping (Rudbølvej 36 | Højer | Tel. 0045 74 73 82 88 | rudbol-camping.dk)*

– *Nordsee-Camping Zum Seehund (Lundenbergweg 4 | Simonsberg | Tel. 04841 39 99 | nordseecamping.de)*
– *Seeblick (Nordseestr. 39 | Schobüll | Tel. 04841 33 21 | camping-seeblick.de)*
– *Biehl (Utholmer Str. 1 | St. Peter-Ording | Tel. 04863 9 60 10 | campingplatz-biehl.de)*
– *Klein Westerland (Zur Holstenau 1 (direkt am Nord-Ostsee-Kanal) | Hochdonn | Tel. 04825 23 45 | campingplatz-klein-westerland.de)*

FAHRRADFAHREN

Natürlich gibt es in jedem Ferienort mehrere Fahrradverleihe, die meist auch E-Bikes, Mountainbikes und Kinderräder im Angebot haben. Die Tagespreise liegen meist um 7 Euro für ein Tourenrad und um 20 Euro für ein E-Bike. Bei vielen Touristinformationen bekommt man eine Radkarte, auf der auch Tourenvorschläge ausgearbeitet sind. Achtung: An der Küste weht oft ein frischer Wind! Achte also bei der Tourenplanung darauf, dass er zumindest auf dem Rückweg möglichst weitgehend von hinten kommt!

INSIDER-TIPP
Clever radeln

HUNDE

Viele Strände und Deichabschnitte sind für Hunde Sperrgebiet oder sie müssen an der Leine geführt werden. Wo sich dein vierbeiniger Gefährte austoben darf, erfährst du bei den Touristinformationen.

INTERNET & WLAN

Drahtlos ins Netz kommst du fast überall – und in den meisten Hotels

FESTE & EVENTS
RUND UMS JAHR

FEBRUAR
Biikebrennen (viele Küstenorte; Foto)

FEBRUAR/MÄRZ
Rosenmontagsumzug (Marne), *marn holfast.de*

MÄRZ/APRIL
Krokusblütenfest (Schlosspark Husum), *stadtfeste-husum.de*
Ostereiermarkt (Packhaus Tönning), *packhaus-toenning.de*

MAI–JULI
Nordfriesische Lammtage (überall im Land), *nordfrieslamm.de*

JULI
Heider Marktfrieden: historisches Schauspiel und Markt, *heide-nordsee.de*
Wattolümpiade: Funsport im Watt vor Brunsbüttel, *wattoluempia.de*

JULI/AUGUST
Schleswig-Holstein Musikfestival (überall im Land), *shmf.de*

AUGUST
W:O:A: Heavy-Metal-Festival in Wacken, *wacken.com*
Kitesurf Masters (St. Peter-Ording), *kitesurf-masters.de*
⚓ **Hafenfeste** (Büsum, Tönning, Husum)
Tønder Festival: Folk- und Rootsmusic-Festival, *tf.dk*
Schackenborg Musikfest: Klassik in Møgeltønder, *schackenborg.dk*

SEPTEMBER
Kunstgriff (Dithmarschen): „Klang, Bild und Wort", *kunstgriff.de*
Dithmarscher Kohltage (Dithmarschen), *dithmarscher-kohltage.de*

OKTOBER
Krabbentage (Husum), *stadtfeste-husum.de*

NOVEMBER/DEZEMBER
Weihnachtsmärkte (überall im Land)
Weihnachtsereignis (Packhaus Tönning), *packhaus-toenning.de*

und Touristinfos auch gratis. Einige Orte haben Hotspots am Strand oder an anderen Plätzen eingerichtet.

KURABGABE & GÄSTEKARTE

Die Kurabgabe ist in den Badeorten die Eintrittskarte zum Strand, zugleich bietet die Gästekarte viele Vergünstigungen und ermäßigten Eintritt. Die Höhe der Abgabe ist von Ort zu Ort verschieden. Am meisten zahlt man in Büsum und St. Peter-Ording: in der Hauptsaison generell 3 Euro pro Tag und Person (Kinder frei).

NATURSCHUTZGEBIETE

Abgesehen vom Wattenmeer gibt es in den Kreisen Dithmarschen und Nordfriesland (ohne Inseln) 29 Naturschutzgebiete; das größte ist der Beltringharder Koog mit ca. 33 km^2. Eine Liste und weitere Informationen findest du unter *short.travel/nsh6*.

ÖFFNUNGS- & SAISONZEITEN

Die Öffnungszeiten der Restaurants stimmen nicht immer mit den Essenszeiten überein, nicht sehr viele Lokale bieten durchgehend warme Küche. Die Küchenzeiten liegen meist zwischen 11.30 und 14 sowie zwischen 17 und 21 Uhr. In den Touristenorten kann man sieben Tage die Woche shoppen – die sogenannte Bäderregelung erlaubt es den Geschäften, während der Saison auch an Sonntagen zu öffnen. Viele Gastwirte und Ladenbesitzer nehmen im November/Dezember und/ oder im Januar/Februar ihren Jahresurlaub. Zwischen Weihnachten und Neujahr sowie zur Biike ist aber überall geöffnet.

WAS KOSTET WIE VIEL?	
Bier	3–4 Euro
	für 0,3 l vom Fass
Schiffstour	20–30 Euro
	für einen Halligtörn
	mit Seetierfang
Pharisäer	5–6 Euro
	für einen Becher
Strandkorb	7–9 Euro
	für die Miete für
	einen Tag
Mitbringsel	5–6 Euro
	für ein Stück Bio-
	Schafmilchseife
Imbiss	5,50–8 Euro
	für ein Krabben-
	brötchen

PREISE & ZAHLUNGSMITTEL

Grundsätzlich ist der Urlaub auf dem Festland preiswerter als auf den Inseln. In Küstennähe steigen die Preise – relativ teuer sind St. Peter-Ording und Büsum. Bleibst du im Binnenland, schonst du deine Urlaubskasse. Deine Hotelrechnung kannst du überall mit der EC-Karte begleichen, die auch in vielen Restaurants akzeptiert wird. Kreditkarten werden jedoch nur selten angenommen.

NOTFÄLLE

NOTRUFE

– Polizei: *Tel. 1 10*
– Rettungswagen, Notarzt: *Tel. 1 12*
Die Telefonnummern lokaler Feuerwehr- und Rettungsstationen stehen

auf Schildern am Zugang zum Strand und bei den DLRG-Stationen.

WICHTIGE HINWEISE

AUSKUNFT

Bei den Kurverwaltungen der Urlaubsorte bekommst du Informationsmaterial und Veranstaltungshinweise. Einen Überblick über die einzelnen Regionen geben die Broschüren und Websites der zentralen Touristinformationen:

– *Nordfriesland-Tourismus GmbH (nordfrieslandtourismus.de);* Touristinfos in *Bredstedt, Dagebüll, Klanxbüll, Leck* und *Niebüll*

– *Tourismus und Stadtmarketing Husum GmbH (Altes Rathaus | Großstr. 27 | 25813 Husum | Tel. 04841 8 98 70 | husum-tourismus.de)*

– *Lokale Tourismusorganisation St. Peter-Ording/Eiderstedt (spo-eiderstedt. de);* Touristinfos in *Friedrichstadt, Garding, St. Peter-Ording* und *Tönning*

– *Dithmarschen-Tourismus (Markt 10 | 25746 Heide | Tel. 0481 2 12 25 55 | dithmarschen-tourismus.de)*

SCHWIMMEN

Schwimmen in der Nordsee ist nicht ungefährlich. An bewachten Stränden informieren die DLRG-Stationen über Gefahren. Ist dort die gelbe Fahne bzw. ein gelber Ball gehisst, darfst du nur in der beaufsichtigten Zone baden, bei roter Fahne bzw. rotem Ball herrscht Badeverbot.

WETTER IN ST. PETER-ORDING

Hauptsaison
Nebensaison

	JAN.	FEB.	MÄRZ	APRIL	MAI	JUNI	JULI	AUG.	SEPT.	OKT.	NOV.	DEZ.
Tagestemperaturen	2°	3°	6°	10°	15°	18°	19°	20°	17°	13°	8°	4°
Nachttemperaturen	-2°	-2°	0°	3°	7°	11°	13°	13°	11°	7°	3°	0°
☀ Sonnenschein Stunden/Tag	1	2	4	6	8	8	7	7	5	3	2	1
🌧 Niederschlag Tage/Monat	12	8	8	9	8	8	11	12	12	12	14	13
〰 Wassertemperatur	1°	1°	3°	7°	12°	16°	18°	18°	15°	11°	6°	3°

☀ Sonnenschein Stunden/Tag   🌧 Niederschlag Tage/Monat   〰 Wassertemperatur

URLAUBS FEELING

ZUM EINSTIMMEN & AUSKLINGEN

LESESTOFF & FILMFUTTER

MITTAGSSTUNDE

Mit Wehmut und Wärme erzählt die Husumerin Dörte Hansen vom Vergehen der intakten ländlichen Welt Nordfrieslands (2018). Verfilmt 2022 von Lars Jessen mit Charly Hübner in der Hauptrolle als Ingwer Feddersen.

DEUTSCHSTUNDE

Der in der Zeit des Nationalsozialismus spielende Schlüsselroman (1968) von Siegfried Lenz ist zugleich eine Liebeserklärung an die Nordseeküste. 2019 von Christian Schwochow mit Ulrich Noethen und Tobias Moretti neu verfilmt.

DIE SCHIMMELREITER

Lars Jessens Film von 2008 hat wenig mit Theodor Storm zu tun. Es geht um zwei Typen (Peter Jordan und Axel Prahl), die nur eines wollen: fort in die Stadt. Oder vielleicht doch nicht?

WACKEN 3D

Die Dokumentation von 2013 über das große Heavy-Metal-Open-Air ist großes Kino (wegen der 3-D-Effekte) und große Oper (wegen des tollen Tons). Als Main Acts: Alice Cooper, Deep Purple, der unvergessene Lemmy Kilmister (Motörhead) und Rammstein – louder than hell!

❚❚ KNUT KIESEWETTER – FRESENHOF
Kaum jemand gelang es so gut, das nordfriesische Land in seinen Liedern einzufangen.

▶ HANNES WADER – MIN JEHANN
Der Liedermacher hat dieses berührende Gedicht des berühmten Heimatdichters Klaus Groth vertont.

▶ TORFROCK – KAROLA PETERSEN
Ein Liebeslied, könnte man sagen, und zwar für die fingerfertigste Krabbenpulerin an der Küste.

▶ HANS HARTZ – WENN MÖWEN SCHREIEN
Der gebürtige Husumer besang die Gefahr einer Ölpest.

▶ INA MÜLLER – SCHNEE FÄLLT BALD
In Platt- und in Hochdeutsch der Song zum Herbst an der Küste.

Den Soundtrack zum Urlaub gibt's auf **Spotify** unter **MARCO POLO Nordsee**

Oder Code mit Spotify-App scannen

AB INS NETZ

BLOG.NORDFRIESLAND-ONLINE.DE
Ein Blick in den Blog des Onlinemagazins mit Berichten und Kommentaren zu Messen, Stadtfesten, kulturellen Veranstaltungen lohnt immer.

EIDERSTEDT.NET/BLOG
Die Website informiert in ihrem Blog über Veranstaltungen und Ereignisse auf der Halbinsel Eiderstedt.

BEACH EXPLORER
Was für 'ne Muschel ist das ... oder ist das Müll? Am Strand was gefunden, das du nicht kennst? Mit dem Smartphone fotografieren, per App hochladen und zack: identifizieren. So einfach ist das!

NOK APP
Alle Infos für eine Rad- oder Wandertour entlang des Nord-Ostsee-Kanals, von Einkehren bis Übernachten.

NORDSEEGEZEITEN
Wann setzt die Flut in Dagebüll ein? Wann ist Niedrigwasser in St. Peter-Ording? Sehr praktische App für Surfer, Wattwanderer & Co.

TRAVEL PURSUIT

DAS MARCO POLO URLAUBSQUIZ

Weißt du, wie Schleswig-Holsteins Nordseeküste tickt? Teste hier dein Wissen über die kleinen Geheimnisse und Eigenheiten von Land und Leuten. Die Lösungen findest du in der Fußzeile. Und ganz ausführlich auf den S. 18–23.

❶ Wie viele Krabben musst du mindestens pulen, um 500 g Krabbenfleisch zu erhalten?
a) Zwei Pfund
b) Drei Pfund
c) Vier Pfund

❷ Was ist ein Koog?
a) Eine Seemannskneipe
b) Eine Karaffe für den Eiergrog
c) Ein Stück eingedeichtes Marschland

❸ Was ist Reet?
a) Getrocknetes Gras
b) Schilfrohr
c) Das Tauwerk auf einem Fischkutter

❹ Was ist eine Biike?
a) Eine genügsame Pflanze in den Salzwiesen
b) Eine Wegmarkierung im Watt
c) Ein großer Haufen aus Gestrüpp und Holz

❺ Wer erfand die ersten Deiche?
a) Die Dänen
b) Die Holländer
c) Die Nordfriesen

❻ Wie lautet die korrekte Bezeichnung für Krabben?
a) Nordseegarnelen
b) Kaisergranat
c) Porren

URBAN
NATURE
ST. PETER-ORDING

Du und ich. In einem neuen Setting.
Die Liebe aus der großen Stadt vor einem
neuen Horizont. Mittendrin gemeinsame
Erfahrungen sammeln. Eine Hotelwelt,
wie sie uns gefällt. Das ist unser Place.
Weil wir ihn dazu machen.

Unsere erste Hood ist St. Peter-Ording.
Zwischen urbanem Design und rougher
Landschaft am Meer vereint sich City-Life
mit echter nordischer Ruhe.

Spring hinein in unsere Welt der Kontraste
und enjoy Urban Nature.

See you somewhere in between!

Urban Nature St. Peter-Ording
Fritz-Wischer-Straße 13
25826 St. Peter-Ording
+49 4863 476 50 50
www.urban-nature.de

Somewhere in between

REGISTER & IMPRESSUM

LOB ODER KRITIK? WIR FREUEN UNS AUF DEINE NACHRICHT!

Trotz gründlicher Recherche schleichen sich manchmal Fehler ein. Wir hoffen, du hast Verständnis, dass der Verlag dafür keine Haftung übernehmen kann.

MARCO POLO Redaktion • MAIRDUMONT • Postfach 31 51 73751 Ostfildern • info@marcopolo.de

Impressum
Titelbild: Pfahlhaus am Strand in St. Peter-Ording (Huber-images: Ch. Bäck)
Fotos: AWL Images Ltd.: N. Eisele-Hein (22/23); DuMont Bildarchiv: K.-H. Raach (35, 84); Huber-images:
Ch. Bäck (6/7), G. Gräfenhain (2/3, 24/25), H.-P. Huber (43), S. Lubenow (12/13), H.-P. Merten (Klappe
hinten); laif: M. Amme (114), J. Arlt (104); Laif: H. Bode (123); laif: E. Häberle (31), E. Haeberle (78),
G. Haenel (44, 47); Laif: S. Henkelmann (8); laif: Ch. Kerber (26/27), J. Modrow (32/33), Raach (9, Laif:
Raach (11); laif: C. Zahn (83); lookphotos: U. Böttcher (66/67, 97, 106/107), K. Johaentges (80), S. Lubenow
(14/15, 20, 68/69), H. Wohner (108, 127); mauritius images: Ch. Bäck (34), I. Boelter (18, 86/87), Diederich
(130/131), P. Lehner (30/31), U. Siebig (38/39, 51, 54/55, 64, 132), U. Steffens (94); mauritius images/
age fotostock: E. Grund (63); mauritius images/Alamy: I. Buriak (76), M. Gottschalk (92), M. Heyens
(48/49); mauritius images/Alamy/Kuttig - Travel – 2 (52); mauritius images/Alamy/Zoonar: V. Rauch (98);
mauritius images/Imagebroker (27, 109, 110/111, 124/125); mauritius images/imagebroker: S. Lubenow
(28); mauritius images/roberharding: H.-P. Merten (103); mauritius images/Westend61: Merle M. (70/71),
J. Mänz (10), R. Richter (116/117); picture-alliance/dpa: D. Reinhardt (100), W. Runge (60); A. M. Schuppius
(135); vario images/McPhoto (112); Visum: W. Steche (Klappe vorne außen, Klappe vorne innen)

14., aktualisierte Auflage 2022
© MAIRDUMONT GmbH & Co. KG, Ostfildern
Autoren: Andreas Bormann, Arnd M. Schuppius; Redaktion: Nikolai Michaelis; Bildredaktion: Gabriele Forst
Kartografie: © MAIRDUMONT, Ostfildern (S. 36–37, 118, 120, 122, Umschlag außen, Faltkarte);
© MAIRDUMONT, Ostfildern, unter Verwendung von Kartendaten von OpenStreetMap,
Lizenz CC-BY-SA 2.0 (S. 40–41, 56–57, 59, 72–73, 75, 88–89, 90)
Als touristischer Verlag stellen wir bei den Karten nur den De-facto-Stand dar. Dieser kann von der
völkerrechtlichen Lage abweichen und ist völlig wertungsfrei.
Gestaltung Cover, Umschlag und Faltkartencover: bilekjaeger_Kreativagentur mit Zukunftswerkstatt, Stuttgart
Gestaltung Innenlayout: Langenstein Communication GmbH, Ludwigsburg
Texte hintere Umschlagklappe: Lucia Rojas
Konzept Coverlines: Jutta Metzer, bessere-texte.de

Printed in Poland

```
MIX
Paper from
responsible sources
FSC® C018236
```

MARCO POLO AUTOR
ARND M. SCHUPPIUS
Mitte der 60er auf dem Rücksitz von Opas Auto nach Dagebüll zur Fährfahrt nach Föhr, in den 70ern Sommerferien auf Sylt, in den 80ern mit dem Käfer an den Strand von St. Peter-Ording: So fing es an mit der Liebe zum weiten Land an der Westküste. Heute lebt der gebürtige Hamburger in Schobüll, hat die Nordsee vor der Haustür – und die Urlaubsziele von damals sind ihm längst zur Heimat geworden.

BLOSS NICHT!

FETTNÄPFCHEN UND REINFÄLLE VERMEIDEN

MÖWEN FÜTTERN

Immer mehr Möwen spezialisieren sich auf Häppchen aus Touristenhänden. Die gierigen großen Vögel gehen dabei äußerst dreist vor und erschrecken beim Tiefflug vor allem Kinder und kacken die Promenaden voll.

UMRÜHREN

Die Sahnehaube ziert nicht nur Pharisäer und Tote Tante, sie hält auch die Wärme des Getränks. Die kühle Sahne an der Oberlippe, auf der Zunge die heiße Flüssigkeit inklusive Prozente: Das ist der Genuss.

PLATT SPRECHEN

Wenn du es nicht beherrschst, versuch es gar nicht erst. Eine Ausnahme ist der Gruß „Moin", bei dem du wenig falsch machen kannst. Alle anderen Versuche werden von den Einheimischen eher als „platte" Anbiederung belächelt. Verstehst du was nicht, frag: Man übersetzt dir gern die plattdeutschen Wörter.

HUNDE VON DER LEINE LASSEN

Bodenbrütende Vögel, die ihr Gelege verlassen, Schafe und Lämmer, die in Gräben stürzen oder sich in Zäunen verfangen: Das können die Folgen sein, wenn du dort, wo es verboten ist, deinen Hund von der Leine lässt.

SCHWARZSITZEN IM STRANDKORB

Du fragst dich: Warum soll ich zahlen? Du willst doch nur ein paar Minuten verschnaufen. Außerdem sind viele Körbe leer. Du wagst es, drehst den Korb aus dem Wind und genießt. Und kannst sicher sein: In der Saison wirst du ertappt!